北京市课外校外教育活动指导丛书

中小学课外校外科普活动设计案例

北京市教育学会校外教育研究会　组编
北京市校外教育研究室

周立奇　周咪　主编

学苑出版社

图书在版编目（CIP）数据

中小学课外校外科普活动设计案例/周立奇，周咪主编.
—北京：学苑出版社，2014.5（2015.2重印）

ISBN 978-7-5077-4158-2

Ⅰ.①科… Ⅱ.周… ②周… Ⅲ.中小学—科普工作—教案（教育） Ⅳ.①G634.72

中国版本图书馆CIP数据核字（2014）第013749号

责任编辑：	郑泽英
封面设计：	陈四雄
出版发行：	学苑出版社
社　　址：	北京市丰台区南方庄2号院1号楼
邮政编码：	100079
网　　址：	www.book001.com
电子邮箱：	xueyuanpress@163.com
销售电话：	010-67601101（销售部）、67603091（总编室）
经　　销：	全国新华书店
印 刷 厂：	北京长阳汇文印刷厂
开本尺寸：	787mm×1092mm　1/16
印　　张：	10
字　　数：	237千字
版　　次：	2014年5月北京第1版
印　　次：	2015年2月北京第2次印刷
定　　价：	45.00元

编委会

顾　　问：崔向红　史建华

主　　编：周立奇　周　咪

副 主 编：齐小兵

本书作者：孙　可　翟　坤　杨海燕等

编　　委：武迎选　胡　冰　孙宏芳　赵　洁　梁宝萍
　　　　　许　红　段效锋　王晓雷

指导专家：（按姓氏笔画排序）

　　　　　王　平　王德明　龙念南　李鑫华　肖　毅
　　　　　宋天乐　郑　丹　赵　宏　徐　玮　唐汝明
　　　　　常忠宪　韩文利　韩玉书　谭美莲

前　言

自2012年起，在北京市教委体卫艺处的指导与支持下，北京市校外教育研究室、北京市教育学会校外教育研究会每年组织一次"北京市校外教育活动资料评选活动"，面向全市校外教育机构教师征集校外教育活动资料，组织行内资深专家进行评选。根据评选结果，择优编入《北京市课外校外教育活动指导丛书》（以下简称《丛书》）。

在评选活动资料和编辑出版丛书的过程中，我们不仅综合考虑了校外活动内容上的整体设计，学时的安排，难易递进程度，而且也考虑到校外教育的特殊规律和学员参加校外活动的实际情况，对提高校外教师的研究能力、加强校外活动资料的深度研发具有重要作用。

众所周知，校外教育没有统一的教学大纲，没有统一的活动资料。北京市组织校外教育活动资料评选活动，精选优秀作品出版，供校外教育研究者及教师借鉴交流，在校外教育领域具有示范及引领的意义。

一定程度上说，这项活动有利于帮助校外教育工作者进一步探索校外教育规律，提升校外教育活动质量；有利于引导广大教师重视校外活动的系统研究，加强专家型教师队伍建设；有利于增强校外教育教学活动内容的科学性与系统性，更好地服务于中小学生的健康成长。

经验与水平所限，《丛书》难免有不足之处，请广大校外同仁不吝赐教。

《北京市课外校外教育活动指导丛书》编委会

出版说明

本书是基于2009年筹备宣武区学生科技博览会,由北京市宣武青少年科技馆、部分中小学的科技教师设计的学生科学探究实验活动方案。

本书汇集的学生科学探究实验活动,要求有以下几点:

1. 在每一项活动中,要体现出一个科学原理,运用科学方法。

2. 探究活动要体现动手做,学生要亲自动手制作、动手实验,具体要求:(1)学生要在现场进行科学实验、科技制作;(2)要在30分钟左右完成;(3)允许学生把制作的作品、实验报告带走。

3. 在内容的选择上,要贴近学生生活,有助于理解科学、体验科学。

4. 注意要有趣味性,适应不同年龄学生的心理,激发、调动学生参与的积极性。

本书共汇集了37个方案,分为"新材料、新能源科普设计"、"技术制作类科普设计"、"新引进、新开发科普小制作"、"科技小制作、小实验"四大类。在每一类中都不乏有创意和想象力的案例设计。

在"新材料、新能源科普设计"部分,有2007年在北京奥运会之前设计的"国家游泳馆水立方ETFE膜材料探秘"以及"利用稀土长余辉储能发光材料制作夜光画"、"神奇的石头纸"、"探究偏振片的奥秘"、"氢燃料电池发电的奥秘"等。这些设计体现了宣武青少年科技馆多年坚持要把新科学、新技术、新材料、新能源的知识,及时引入、介绍给青少年学生们的精神,同时也体现了科技教师们的想象力与创意。

在"技术制作类科普设计"部分,"你画龙来我点睛"、"会跳舞的彩虹宝宝"、

"零起点认识单片微型计算机"、"简易科普瓶装船的设计与制作"等，是基于教师们在多年的科技教育实践中的经验而创造设计的，颇有想象力和创意，体现了科技教师们为实施青少年科学素质行动而努力的精神。

在"新引进、新开发科普小制作"、"科技小制作、小实验"部分，有从国外引进的"一张 A4 纸折出的圆筒式滑翔机"、"神奇的视觉差"；也有从国内寻找到的、开发的很新颖、适应学生们心理需求的作品："神奇欹器探秘"、"神奇的密码"、"有趣的密铺世界"；有助于中小学科学学科学习的科技"动手做"的作品："DNA 艺术链的制作"、"有趣的小球碰撞摆"、"声音与纸杯的亲密接触"、"神奇而有趣的颜色变化"、"不可思议的平衡"、"小小电磁炮"；更有吸引孩子们兴趣的好玩的作品："神奇的罐子"、"纸制翅果模型"、"走进趣味的光世界"、"难舍难分的小实验"。

最后，感谢在本书汇集过程中，参与本书工作的各位教师、学校的领导，以及相关工作人员的大力支持和奉献；同时，希望科技教师们在今后设计、创造出更多、更好的学生科学探究实验活动的方案，为我们的青少年科学素质行动实践做出更大的贡献。

目 录

一 新材料、新能源科普设计

神奇的石头纸 …………………… 北京市宣武红莲小学 周继红 2

探究偏振片的奥秘 ………………… 北京市宣武青少年科技馆 黄 涛 7

五彩斑斓的光现象 ………………… 北京太平街小学 耿春平 13

利用稀土长余辉储能发光材料制作夜光画 ……………………………
………………………………… 北京市宣武青少年科技馆 杨海燕 16

氢燃料电池发电的奥秘 …………… 北京市宣武青少年科技馆 康 楠 19

国家游泳馆水立方 ETFE 膜材料探秘 …… 北京市宣武青少年科技馆 孙 可 24

二 技术制作类科普设计

你画龙来我点睛 …………………… 北京市宣武青少年科技馆 刘 佳 30

令人好奇的古代织布机 …………… 北京市宣武青少年科技馆 刘 然 34

会跳舞的彩虹宝宝 ………………… 北京市宣武青少年科技馆 翟 琨 40

零起点认识单片微型计算机 ……… 北京市宣武青少年科技馆 孙 可 44

简易科普瓶装船的设计与制作 …… 北京市宣武青少年科技馆 丁云涛 51

三 新引进、新开发科普小制作

巧做生命的螺旋 …………………… 北京市第六十六中学 刘 琴 56

神奇的密码 ………………………… 北京市第六十六中学 石 静 59

纸制翅果模型 …………………… 北京市宣武青少年科技馆　岳　颖　63

神奇的视觉差 …………………… 北京宣武陶然亭小学　杨　京　70

有趣的密铺世界 ………………… 北京第六十三中学　马　杰　74

有趣的小球碰撞摆 ……………… 北京市宣武青少年科技馆　李晓丹　77

特殊形状晶体制备 ……… 北京市第十五中学　邢日辰　宋金秀　于　放　80

利用塑料吸管和皮筋制作正四面体 ……………… 闫宗辰　孙　可　84

DNA 艺术链的制作 …………… 北京市宣武青少年科技馆　杨海燕　88

一张 A4 纸折出的圆筒式滑翔器 ………………… 孙　可　闫宗辰　94

四　科技小制作、小实验

神奇的罐子 ……………………… 北京第六十三中学　计广州　袁　峥　100

奇妙的声音 ……………………… 北京白纸坊小学　梁亚明　103

小小电磁炮 ……………………… 北京师范大学附属中学　张跃华　108

不可思议的平衡——小制作《会表演平衡的小丑》、《会在指尖飘浮的蝴蝶》

………………………………… 北京市第十四中学　董文燕　111

漂白蘑菇检测 …………………… 北京香厂路小学　刘　阳　王　磊　115

变色脸谱知晴雨 ………………… 北京市第六十六中学　祝　晶　118

悬浮的小西红柿 ………………… 北京福州馆小学　王　平　120

视觉暂留的奥秘 ………………… 北京琉璃厂小学　王春龙　122

仓鼠观察实验箱 ………………………… 北京小学　金　娜　124

体验红蓝立体眼镜 ……………… 北京市宣武红莲小学　周继红　127

走进趣味的光世界 ……………… 右安门大街第二小学　赵建军　130

难舍难分的小实验 ……………… 北京宣师一附小　蔺滨滨　赵　湘　134

纯粹光影世界——DIY 纸制针孔相机 ……… 宣武区青少年科技馆　张雅楠　137

神奇而有趣的颜色变化 ………… 北京第 140 中学　杜文燕　141

声音与纸杯的亲密接触 ………… 北京市宣武青少年科技馆　翟　琨　146

科技灯谜——动手做、动脑猜 ……… 北京市第十五中学　于　放　150

一　新材料、新能源科普设计

神奇的石头纸

北京市宣武红莲小学　周继红

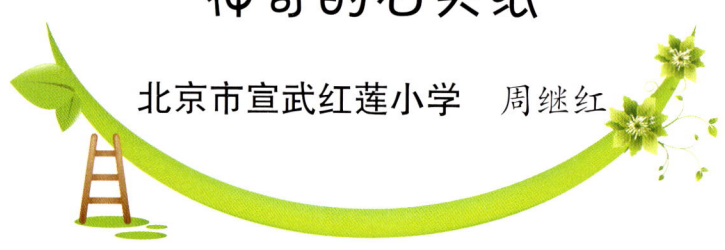

设计基本思路与意图：

2010年北京"两会"期间，首次使用"石头纸"。这种新的纸张中包含着丰富的科技知识。

我们针对"石头纸"以碳酸钙为主要材料作为学生普及的"切入点"。对这种新型纸张的科学知识进行了创造性的科普活动设计，并命名为"神奇的石头纸"。

在这个活动中，设计了四个对比实验：水浸泡对比实验、油滴定对比实验、拉伸对比实验、燃烧对比实验。

中小学生可以在短短的几分钟时间里亲身参与实验，通过观察、动手实验、记录实验过程和结果，体验一种探究活动，并认识理解到"石头纸"的奥秘，对"环保"的理念有一个具体切实的理解，并激发中小学生对科学技术的兴趣。

科学原理：

将石灰石、方解石、大理石等石头中的主要成分"碳酸钙"研磨成超细微粒后吹塑成纸。

实验过程：

实验器材：

"石头纸"、普通纸、纸巾、水、食用油、滴管、笔、视频、"石头纸"探究活动记录卡。

实验步骤：

1. 水浸泡对比实验

将写有"科博会"字样的"石头纸"和普通纸的样品浸泡在水中，学生进行对比观察，再将浸泡过的两种纸拿出并擦干，再观察对比后，在记录卡上记录实验现象，思考其中的原因。

实验现象：普通纸变软、变皱，而"石头纸"几乎没有变化。

实验原因："石头纸"具有防水的特性。具有纳米级的石粉浆，不含植物纤维。

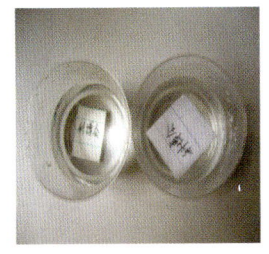 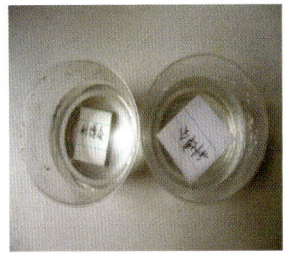

通过水浸泡后的"石头纸"　　　　　　　　通过水浸泡后的普通纸

2. 油滴定对比实验

用滴管将油分别滴到两种不同的纸上，对比观察两者的区别并记录。

实验现象：普通纸已经被严重浸透，而"石头纸"几乎没有变化。

实验原因："石头纸"具有防油的特性。

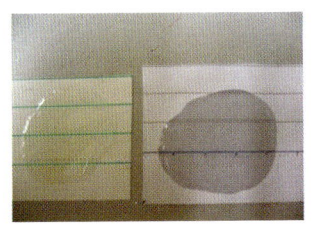 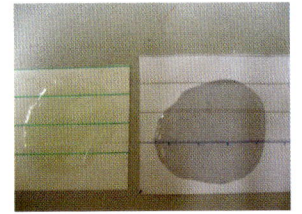

油很难渗入"石头纸"纤维中　　　　　　　油很容易渗入普通纸纤维中

3. 拉伸对比实验

手用力拉伸、撕扯两种不同的纸后，对比观察两者的区别并记录。

实验现象：普通纸整个被撕开，"石头纸"只是因变皱而不平整。

实验原因："石头纸"抗拉强度高的特性。

被拉伸、撕扯后的"石头纸"只是有些变皱、不平整

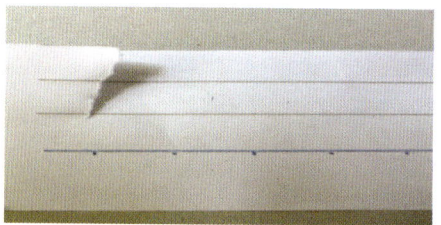
被拉伸、撕扯后的普通纸已经裂开了口子

4. 燃烧对比实验

分别点燃两种不同的纸，对比观察两者的区别并记录。

实验现象：普通纸被烧成灰，"石头纸"在点燃的过程中，慢慢熄灭。

实验原因："石头纸"具有阻燃的特性。

燃烧后的"石头纸"卷曲在一起

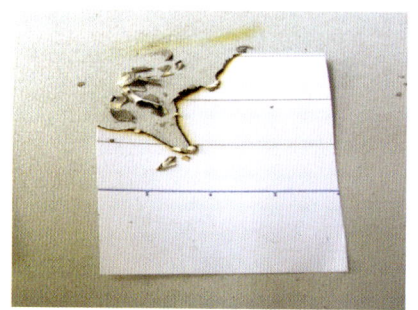
燃烧后的普通纸已经变成灰烬

项目设计亮点：

1. 及时、快速地把发生在社会上的新科技的知识设计为科技教育的活动，使学生们及时的了解、认知这一新技术成果。

2. 在活动的设计中，采用了对比实验的科学方法。四个对比实验，学生都要亲自动手参与，使参与者不仅学到了科技知识，而且学习了科学方法。

项目已开展活动的情况及效果：

对比实验用纸在实验后，将贴在活动记录上，学生可以带走。

该项活动已在学校科技课中试用，课上让学生分组做对比实验，并填写活动记录，效果较好；学生们对这种"石头纸"表现出了浓厚的兴趣，都积极地上网查找相关资料学习，而且希望自己能拥有这种神奇的"石头纸"。

参考资料：

石头纸 百度百科 http://baike.baidu.com/view/1235649.htm

《石头造纸：前景美好，现状迷离》作者：张晓飞

北京市红莲小学

姓名		日期	
实验现象			
	石头纸		普通纸
水浸泡实验			
油滴定实验			
拉伸实验			
燃烧实验			
结 论			
"石头纸"特性			

你知道"石头纸"的石头是什么材质的吗？

石头纸的特点
防水、防油、阻燃、抗拉强度高

拉伸对比实验

被拉伸、撕扯后的"石头纸"

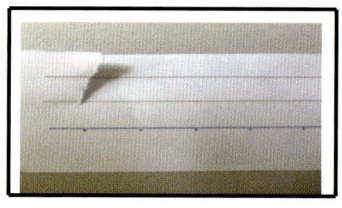

被拉伸、撕扯后的普通纸

探究偏振片的奥秘

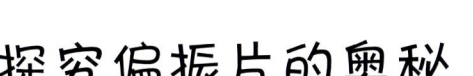

北京市宣武青少年科技馆　黄　涛

一、设计基本思路与意图

关于偏振光的知识学生要到高中才会学到，而且课堂上也缺少适合学生特点的教具学具。但在现实生活中，偏振光的技术已经广泛应用在了人们的日常生活之中。在3D电影、液晶显示器、墨镜、汽车中都能找到偏振光技术的影子。如何普及偏振光知识，让中小学生都能够接受是一个难题。虽然偏振光显得十分神秘，但如果只是了解偏振光的一些特殊性质，而不深究产生偏振光的原理，那么所涉及的知识小学生也完全能够理解。

这个小制作，利用两个偏振片和其他一些简单的材料，通过几个有趣的小实验，让学生知道偏振光具有消光、显色两大性质，并能利用这些性质亲手制作一个不同于普通万花筒的偏振光万花筒，让学生在体验中学习知识、动手中感受体验知识所带来的快乐。

二、科学原理

光是一种电磁波，是由与传播方向垂直的电场和磁场交替转换的振动形成的。如果我们把一束光看成是一条直线，那么光波的振动方向和这条直线是相互垂直的。通常光源发出的光，光波的振动方向是没有规律的，也就是说在垂直于光线的平面上，沿各个方向都有光波的振动，且振动幅度相同，人们称这样的光为自然光，通常我们所见到的太阳光、灯光等都是自然光。使自然光通过某种被称为偏振器的光学元件（如偏振片、线型光栅等），得到的就是偏振光。偏振光的光波振动具有一定的规律性，因此也就有了不同种类的偏振光。例如当自然光通过偏振片后，光波的振动方向被局限在了一个固定的平面内，形成的是直线偏振光。偏振光具有消光、显色等诸多有趣的性质，因此广泛应用于在摄影摄像以及科学研究中。

三、实验过程

【**实验1**】：消光现象实验

消光现象是偏振光的一个重要性质，简单来说，就是当光通过两个偏振片时，转动其中任一个偏振片，透射光的强度都会出现周期性的变化。

图1　　　　　　图2　　　　　　　图3　　　　　　　图4

步骤1：将一个偏振片放在眼前，透过偏振片看东西，会发现看到的物体变暗了（图1）。

步骤2：将两个偏振片重叠起来，发现与透过一个偏振片看东西相比，没有明显的区别（图2）。

步骤3：略微旋转其中的一个偏振片，会发现重叠部分的光线变暗了（图3）。

步骤4：当旋转的角度达到90°的时候，会发现重叠部分变得完全不透光了（图4）。

偏振片可以使自然光中沿某个固定方向振动的光波通过，而阻挡沿其他方向振动的光波，也就是说偏振片是有方向的。因为通过偏振片的光线减少了，所以我们透过偏振片看到的物体就会变暗。如果第二个偏振片的方向与第一个偏振片的方向相同，那么由第一个偏振片产生的偏振光就会完全通过第二片偏振片，而不会再变暗。如果第二个偏振片的方向与第一个偏振片的方向相互垂直，那么光线就会被完全阻挡住，也就变得不透光了。如果第二个偏振片的方向与第一个偏振片的方向之间存在一个角度，那么只有一部分的偏振光能通过第二片偏振片，所以虽然还能看到后面的物体，但是会发现它变得更暗了。

【实验2】：显色现象实验

图5

图6

图7

步骤1：在透明塑料片上贴一条透明胶条，然后将整个塑料片放在两片偏振片之间，慢慢旋转其中一片偏振片，你会发现随着偏振片的旋转，贴上透明胶条的部分会产生不同的颜色变化（图5、图6）。

步骤2：如果贴的透明胶条不止一层，而是有多层的话，你会发现贴透明胶条的地方产生了不同的颜色，而且随着偏振片的转动，产生的颜色也会不断地变化（图7）。

显色现象是偏振光的一个特殊性质。当用白光照射时，通过偏振片的不同波长的光（或者说是不同颜色的光）会有不同程度的加强或减弱，混合起来就会出现色彩。胶条的厚度不同，出现的色彩也就不同，而且转动偏振片时，色彩也会跟着变化。

四、制作过程

1. 制作材料（图8、9）

偏振片（可以从淘宝网上买到）、细纸筒（图9，高5厘米左右，中间有对称的两个切口，也可以用建材市场中出售的PVC塑料管代替）、粗纸筒（两个，可正好套在细纸筒外，每个高5厘米左右）、白卡纸、透明塑料片、透明胶条、剪刀、胶水、铅笔、圆规。

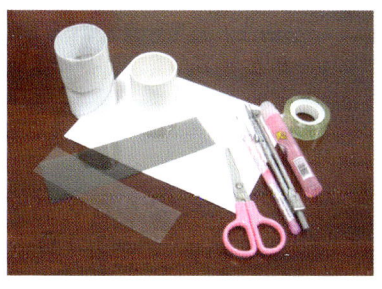
图8

图9

2. 制作步骤

a. 在白卡纸上以细纸筒为轮廓，画出四个相互独立的圆；再用圆规在大圆中画出大小、位置相同的一个小圆；然后用剪刀将它们剪成4个相同的圆环；最后两个一组，将偏振片固定在其中。（图10～13）

图10　　　　　　图11　　　　　　图12　　　　　　图13

b. 从剩余的白卡纸上剪下四个约0.5厘米宽的纸条，再把刚才做好的偏振片装入粗筒中，并用纸条粘在其两端，将偏振片固定住。（图14～16）

图14　　　　　　　图15　　　　　　　　图16

c. 将两个粗筒分别插入细筒的两端，形成哑铃形。（图17）

d. 将透明胶条贴在透明的塑料片上，这时你可以发挥自己的想象了，毕竟你最后看到的图案与你贴出的形状密切相关。（图18）

e. 把塑料片插入细筒上的切口中，将万花筒对着明亮处，转动其中一个粗筒，就可以看到魔幻般变化的色彩了。（图19）

图17　　　　　　　图18　　　　　　　图19

五、项目设计亮点

偏振光的知识是高中物理课本中的一个内容。这个小制作从偏振光的现象入手，通过几个简单的实验让学生了解了偏振光的两个重要性质，而且制作过程简单、内容很有趣味。有利于加深学生对偏振光知识的理解，激发他们对物理学习的兴趣，而且制作的过程中也培养了他们的动手能力和实践活动能力。

六、偏振光小知识

（1）经常见到的光，除了自然光和偏振光外，还有一种偏振状态介于两者之间的部分偏振光。它可以看成是自然光和直线偏振光的混合体。

（2）光的偏振结构共有三种：直线偏振光、圆偏振光和椭圆偏振光。因此，产生偏振光的偏振器也有三种：直线偏振器、圆偏振器和椭圆偏振器。

（3）偏振器有很多不同的结构，其所依据的物理原理有：反射、折射、二向色性（选择性吸收）、散射和晶体的双折射。

七、偏振光在生活中的应用

1. 在摄影中的应用

在拍摄表面光滑的物体，如玻璃器皿、水面、陈列橱柜、油漆表面、塑料表面等，常常会出现亮斑或反光（这也是偏振光）。在拍摄时使用偏振镜，并适当地旋转偏振镜面，就能够阻挡这些偏振光，借以消除或减弱这些光滑物体表面的反光或亮斑。

由于空气分子对光的散射作用，所以天空中存在着部分偏振光。因此在摄影时使用偏振镜能够调节天空的亮度，加用偏振镜以后，蓝天变暗，突出了蓝天中的白云。因为偏振镜是灰色的，所以在黑白和彩色摄影中均可以使用。

2. 在观看立体电影时的应用

在观看立体电影时，观众要戴上一副特制的眼镜，这副眼镜就是一对偏振方向互相垂直的偏振片。

3. 在科学研究中的应用

光在晶体中的传播也与偏振现象密切相关，利用偏振现象可了解晶体的光学特性，制造用于测量的光学器件，以及提供诸如岩矿鉴定、光测弹性及激光调制等技术手段。

八、参考资料

（1）百度百科：偏振光 http://baike.baidu.com/view/78638.htm。

（2）全日制普通高级中学教材（人教版）·《物理》第三册（必修加选修），第二十章：光的波动性。

五彩斑斓的光现象

北京太平街小学　耿春平

设计意图与思路

本项目通过三棱镜、灯饰彩虹膜、丝袜料进行简单的小制作和小实验，用来观察、体验奇异的彩虹般的光现象。从而了解由于光的折射、干涉、衍射引起光的色散现象，了解认知三棱镜、新型材料彩虹膜等。本活动主要是采用身边的丝袜料、易拉罐、铁丝以及三棱镜、灯饰彩虹膜做实验材料。活动可以在30分钟左右完成，并可以将作品带回家反复玩耍、实验、欣赏，展示给更多的人。激发学生的科学兴趣。

科学原理

在本实验中，应用了三棱镜、灯饰彩虹膜、丝袜料三种材料进行实验，分别涉及了光的折射、干涉、衍射的知识。

1. 白光是由七种不同的色光组成的，它们在三棱镜中的折射率不同，因此发生偏折的角度不同，经过三棱镜后就形成了红橙黄绿蓝靛紫七色。这种现象称为光的色散。

2. 本活动中使用的灯饰彩虹膜，是国外20世纪80年代开发成功的新型包装、装饰材料的彩虹膜中的一种。彩虹膜是根据多层膜的光干涉原理，用折光指数不同的两种热塑性透明树脂，经多层复合共挤而制成的一种的薄膜。灯饰彩虹膜在灯光的照射下，透过多层复膜产生色彩丰富的光效应，会有多角度渐层式的色泽变化，由蓝变绿而红，变化万千的彩虹效果。

3. 通过丝袜料看到的彩虹效果，是一种光的衍射现象。光在传播过程中，遇到障碍物或小孔、窄缝时，会有离开直线路径绕到障碍物阴影里去的现象。这种现象叫光的衍射。丝袜料是由细细的针织纤维横竖交织在一起的，中间会有许许多多密密的小格子。当灯光透过这些密密的小格子时，就会产生衍射现象。如果光源发出的光是复色光（如日光、白炽灯、日光灯），我们看到的衍射图案就是彩色的。

活动过程：

1. 展示灯饰彩虹膜万花筒，让学生观察到奇妙的彩虹。

2. 带领学生用三棱镜完成光的色散小实验。

图1 自然界的彩虹

图2 白光经过三棱镜产生色散

3. 带领学生观察丝袜料产生的光的衍射现象。让学生认识生活中一些常见的五彩斑斓的光现象。

彩虹万花筒的制作过程：

1. 材料及工具：废弃物易拉罐若干、用钉子打好孔、灯饰彩虹膜、铁丝、剪好的丝袜。

2. 先找来废弃物易拉罐一个，在其底部打出各种图形的孔，例如十字形。（如图3）

3. 在易拉罐的开口处贴上彩虹膜，对着光源，将眼睛放在彩虹膜处，同时手腕转动易拉罐，将会看到彩虹万花筒。（如图4、图5）

图3

图4

图5

图6

丝袜花的制作过程：

先把丝袜伸展开，固定在铁丝圈上，对着光源可以看到明暗条纹或光环。（如图7、图8）

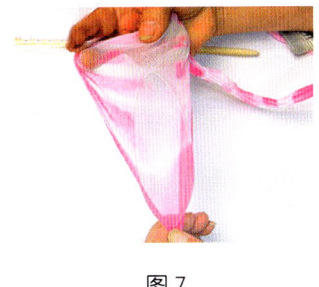
图 7

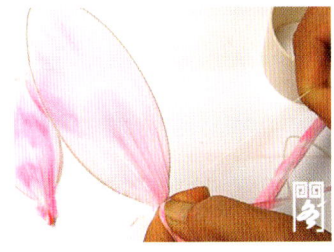
图 8

本项目的亮点

1. 有机地把自然界的彩虹、三棱镜的色散、丝袜料、灯饰彩虹膜结合在一起展示给学生，是很有创意的。

2. 把灯饰彩虹膜这一新型材料引入到青少年科普活动中，并结合动手做，有实际意义。

使用情况及效果：

该项目活动在 2010 年 5 月应用到我校科技小组实践活动中，也应用到手工制作课程中。2010 年 8 月，在我校所在社区组织的科技教育活动中进一步推广和普及，学生们兴趣浓厚，纷纷向家长和伙伴展示交流自己的小制作，收到了良好的效果。

参考资料：

《我的第一套趣味科学实验书》、《天天向上丛书》编委会，吉林出版社出版。

利用稀土长余辉储能发光材料制作夜光画

北京市宣武青少年科技馆　杨海燕

设计意图与思路：

"让中小学生尽早、尽快地接触到新科学、新技术"是我馆的一个办馆理念。因此，"尽快尽早将新科学、新技术、新材料、新能源知识转化为科普，介绍给青少年"，也就成了我们的一项工作，也是设计本活动项目的一个目的。

随着现代社会发展，21世纪科技发展的主要方向之一是新材料的研制和应用。稀土长余辉储能发光材料作为新材料的一种，具有在夜间发光的作用，并已在很多公共场所的公共设施中得到了应用。因此，学生在日常活动中，也就发现了很多夜间发光的公共设施、夜光玩具等，非常感兴趣并有着强烈的好奇心，经常追问其能发光的原因。面对小学生普及新材料的科学知识是十分必要的。本活动的设计通过用孩子们感兴趣的绘画形式，动手实践，通过直观效果亲身体验稀土长余辉储能发光材料的发光特性，认识稀土长余辉材料的发光的科学原理。

科学原理：

长余辉发光材料简称长余辉材料，是一种夜光材料。它是吸收阳光或人工光源所产生的光而发出可见光的一类材料，而且在激发停止后仍可持续发光的物质。这种发光现象是一种光致发光现象，是指在激发光停止照射后，物质仍然能够持续发光的现象。

长余辉材料不消耗电能，具有把吸收的自然光储存起来，在较暗的环境中呈现出明亮可辨的可见光，起到指示照明的作用，是一种储能、节能的发光材料，"绿色"光源材料。尤其是稀土激活的碱土铝酸盐长余辉材料的余辉时间可达12小时以上，具有白昼蓄光、夜间发射的长期循环蓄光、发光的特点，有着广泛的应用前景。

制作实验过程：

材料准备

沙画卡1张

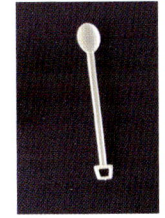
小勺1个

长余辉夜光粉1袋

制作步骤：

第一步：取一张不干胶卡通沙画（图1），将黑色轮廓线内的不干胶撕掉，得到（图2）所示。

第二步：用小勺取长余辉夜光粉涂撒在不干胶上。注意涂撒均匀。

第三步：在阳光或灯光下照射几分钟，然后置于暗处观看，得到（图3）的效果。

图1

图2

图3

相关科学知识：

成果形式：一幅夜光画作品。

项目的亮点：

1.选择长余辉材料（稀土材料）作为新材料介绍给青少年，这是一个新的有益尝试；是实现我馆"尽快尽早将新科学、新技术、新材料、新能源知识转化为科普，介绍给青少年"的理念的努力尝试。

2. 用艺术活动的形式，用简单的材料通过学生亲手制作夜光画的作品，让学生走近新材料，体验科技魅力。

使用情况及效果：

本项目于 2010 年在北京天宁寺小学四、五年级学生的科普活动中进行普及，得到学生的认可和好评。

本项目在"我的低碳生活"青少年科学体验活动的启动仪式上进行推广，深受同学们的喜爱。

本项目于 2010 年已成为北京小学二年级校本课程中的内容，得到应用。

本项目在宣武区青少年科学技术馆环保培训小组已成为必学内容和活动。

参考资料

《科学素质拓展读本》、北京理工大学出版社。

氢燃料电池发电的奥秘

北京市宣武青少年科技馆　康　楠

设计意图与思路：

新型能源经常运用在高科技产品和领域。为了向广大青少年传播科学技术知识，让学生认识到新能源利用与开发的重要性，我们考虑了氢燃料电池是一种清洁高效的新能源，并对这种新型电池的科普活动进行了分析设计，通过实验让学生了解氢气、氧气反应可以发电的奥秘，并把这个实验活动命名为"氢燃料电池的发电奥秘"。

在这个活动中，我们根据中小学生学习科学的基本规律和情况以及氢燃料电池的原理特点等，利用水电解和铂电极催化氢气氧气化合成水的原理，为学生设计了形象具体、操作简易、安全的探究性实验，使用比较容易找到的实验材料进行组装并且实际操作体验电解、化合并产生电流的实验过程。

学生可以在二三十分钟的时间里亲身参与自制一个氢燃料电池，并且演示如何将氢气和氧气化合并产生电能的实验过程。通过观察、动手实验、记录实验过程，学生可以了解氢燃料电池发电的奥秘，认识到氢燃料电池作为一种新兴动力的优势与局限性，并且激发对科学技术的兴趣。

实验原理：

在这个实验中有两个过程，一个是水电解成氢气、氧气，另一个是氢气、氧气重新化合成水并且产生电流。

电解过程：

(如图一、图二) 连接电池负极的电极产生电子，四个电子结合4个水分子，释放出四个氢原子,形成两个氢气分子和四个氢氧根负离子 OH-。氢气气泡在电极形成后从电极上升,负离子逐渐脱离负电极。在连接电池正极一端的电极上,从水分子中吸引出电子。水分子分解出带正电的氢离子(质子)和氧分子。氧气气泡形成后上升,质子逐渐离开电极。质子最后和氢氧根离子重新结合生成水。

$$阴极:4H_2O+4e \rightarrow 2H_2\uparrow +4OH^- \qquad 阳极:4H_2O-8e \rightarrow 8H^{++}+2O_2\uparrow$$

化合过程:

(如图三、图四)当我们移开电池停止电解后,氢气气泡附着在电极上,由于铂的催化作用,分解形成带正电的氢离子 H^+ 和电子。在另一个电极上,氧气分子形成的气泡附着在铂电极的表面上,从金属中吸取电子,并且在水中和另一个电极上形成的氢离子结合。

$$阴极:2H_2 \rightarrow 4H^++4e \qquad 阳极:O_2+4H^++4e \rightarrow 2H_2O$$

图一　　　　　图二　　　　　图三　　　　　图四

在电解过程中产生氧气的电极,失去两个电子传给氧气分子,产生氢气的电极从氢分子中得到两个电子。电子被正氧电极吸引,向负氢电极流动,由于电子在金属中运动比在水中运动更加容易,于是电流就在导线中形成而不是在水中形成,并且带动电流计,产生电流。

如果我们改进电极,使气体与电解质和催化剂有更大的接触面积,并且在两极之间加上质子交换膜,使电子只能通过外部电路,都将大大加强产生的电流量,这就是成为商业上使用的真正的氢燃料电池。

制作过程:

(一)准备工作

第一步,将 40cm 镀镍铂丝或铂金丝截成两段,然后分别缠绕弯曲成弹簧状,作为电极，用螺丝刀、钉子或者冰凿等都可以缠绕出很好的形状（见图一）。

第二步，将两条导线两端和连接电池夹导线一端的绝缘层剥开 1cm，然后如图将铂金电极连接到导线的一端，另一端连接伏特表，将电池夹的导线同样连接好电极。用透明胶条将电极和导线牢固地粘结在约 10cm 的木条上。（见图二）将连接好的木条固定在玻璃杯上，使电极基本全部悬挂在水中，但是连接导线的一段要注意不能进入水中（见图三）。

第三步，将红色导线连接到伏特表正极，黑色的导线连接到负极。这时，伏特表的读数应该为零（见图四）。

（二）电解过程

第四步，要使这个电池开始工作，我们需要氧气和氢气的气泡分别依附在两个电极上。为了达到这个目的，我们首先要将 9 伏的电池接触到电池夹上，只需要连接 1 到 2 秒钟即可。连接上电池后，在水中的电极上就会产生氢气和氧气的气泡，这过程叫做电解。你可以观察到气泡在电极上形成。（见图五）

（三）化和过程（电解的逆反应）产生电流

第五步，将电池移开。开始电解反应的逆反应，铂金在这个过程中起到的是催化剂的作用，使氢气和氧气能够重新化合成水，并且产生电流。（如果我们用的不是铂金电极，我们会看到电池移开后，伏特表的显示回到零伏特）我们最初能够得到约略超过 2 伏特的电流，但是随着气泡的破裂、溶解在水中消失，还有部分气泡参与到反应中，电流逐渐减少，开始递减的很快，逐渐速率减慢。过一分钟左右，由于大部分气体只是在这个反应中用掉，电流减慢的非常缓慢。（见图六、图七）

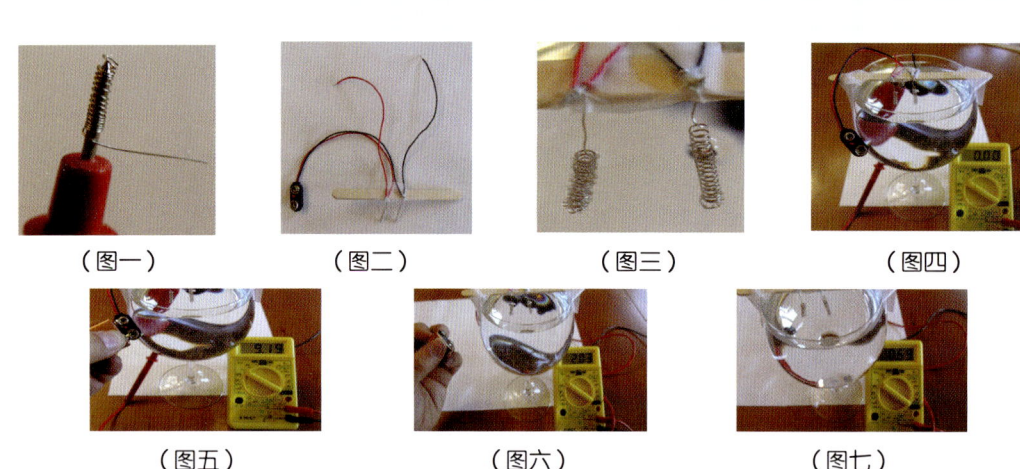

（图一）　　　　（图二）　　　　（图三）　　　　（图四）

（图五）　　　　　　（图六）　　　　　　（图七）

（四）与氢燃料电池产生电流对比，介绍氢燃料电池的结构，感知其原理

相关知识介绍：

燃料电池是一种将氢、酒精、汽油或者甲烷等燃料通过氧化还原反应，将化学能直接转化为电能的一种装置。而其中氢燃料电池是一种正在开发和使用的新型动力源，因为水是这个过程的唯一副产品，所以产生电能的过程没有污染。氢燃料电池一般用于太空船等需要清洁、高效能源的高科技领域。我们还可以利用太阳能电池在白天电解出氢气和氧气并且储存起来，在晚上使用它们来发电，还可以储存氢气和氧气在高压气罐中，放在汽车里，利用燃料电池来使汽车行驶。

活动设计亮点：

本实验设计选择了氢燃料电池作为青少年新能源科普活动的载体，简化了氢燃料电池模型车的复杂结构，并尽量使用生活中交易找到的材料进行组装、实验，操作安全性高，参与性强，活动效果良好。本活动可以在中小学各年级使用，使青少年能够直观地观察到氢气、氧气在铂金电极的催化下产生电流的过程，了解了新能源的特点，同时宣传了科学方法和科学思想，加强了低碳环保理念，激发了青少年对科学知识的兴趣。

使用情况及效果：

该实验曾经应用在青年湖小学的课外科学活动小组中，学生对气体可以产生电能表示出了浓厚的兴趣。通过实验，学生了解了氢气和氧气在铂金电极的催化下能够化合产生电能的基本原理。

参考资料：

普通初中课程标准实验教科书《化学》，普通高中课程标准实验教科书《化学》，http://sci-toys.com/index.html。

国家游泳馆水立方 ETFE 膜材料探秘

北京市宣武青少年科技馆　孙　可

设计意图与思路：

2008 年随着北京奥运会临近，国家游泳中心等奥运场馆一一落成，很多场馆使用了高新技术材料，例如水立方外表面就使用了 ETFE 材料，这些新材料中包含着丰富的科技知识和科学方法。我们设计了若干项有趣的膜材料对比实验，使学生在实验的过程中认识膜材料的特点，培养学生对前沿科学技术的兴趣。

水立方膜材料探秘活动以三项对比实验为主要内容，本活动将几项对比实验设计为学生自己实践、独立体验、自主观察分析的形式，尽可能培养学生自主的学习意识。学生在动手实验的过程中制作水立方膜材料探秘活动纪念卡，记录学生的全部实验内容、发现与收获。

科学原理：

"水立方"是世界上唯一一个完全由膜结构来进行全封闭的公共建筑。"水立方"所使用膜材料为"ETFE"膜，这种膜适合于建筑材料使用，具有高强度、透明度极大、耐腐蚀、耐高温、自洁性能好等优点。

ETFE 材料——聚四氟乙烯 - 乙烯共聚物，ETFE 材料具有耐腐蚀、耐高温以及自洁性能好的优点。

制作实验过程：

实验材料：

ETFE 膜（4×5cm）、聚乙烯片（4×5cm）、烤箱一台（最高温度大于 200℃ 最佳）、电源、黑色、蓝色中性油笔、ETFE 膜充气枕、展板、实验记录报告表透明胶条、硫酸滴定后的 ETFE、聚乙烯对比样品

实验过程：

实验一：

硫酸腐蚀对比实验：教师将硫酸滴定于两种材料上，学生直观感受 ETFE 膜的耐腐蚀特性。

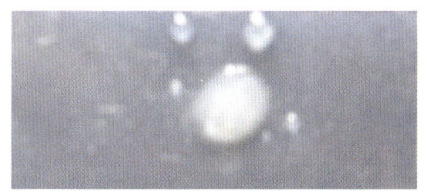 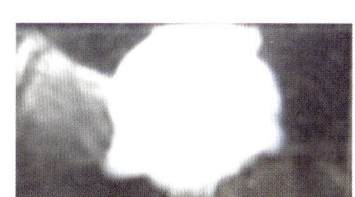

图 1 ETFE 膜（硫酸仍以滴状，在膜上；耐腐蚀强）　　图 2 普通塑料（已被腐蚀；耐腐蚀差）

实验二：

自洁能力对比实验：学生用油笔分别在两种材料上绘制水立方图案，观察两种材料的绘制区别，并进一步思考区别出现的原因。ETFE 具有自洁特性，油笔的墨水无法附着于 ETFE 表面，而普通塑料上的图案轮廓清晰可见。（图）

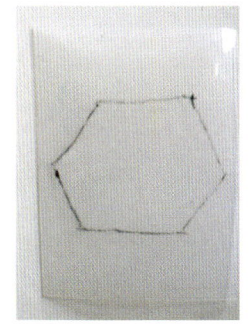 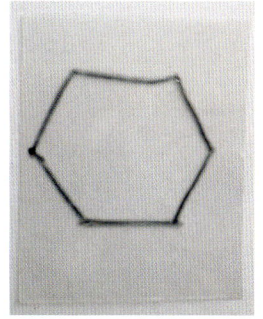

图 3 ETFE 膜（墨水无法附着于 ETFE 表面；自洁力强）　　图 4 普通塑料（图案轮廓清晰可见，自洁力差）

实验三：

高温加热实验：学生将两种材料同时放入烤箱高温加热，普通塑料立即收缩，形变严重，而 ETFE 材料的形状无明显变化。

图 5 ETFE 膜（形状无明显变化，耐高温强）

图 6 普通塑料（收缩，形变严重，耐高温差）

本项目亮点：

1. 紧扣北京奥运会和新材料应用这两个社会热点，设计新材料科普活动，宣传了北京奥运会的三大理念、科技奥运精神，填补了当时青少年新材料科普方面的空白。

2. 膜材料探秘活动体现了"做中学"，学生在对比实验的过程中，认识了ETFE材料的特点，感受到科学研究过程的乐趣。

成果形式：

学生动手实验，自主完成实验报告单

学生姓名		活动时间	2007 年 10 月
实验现象			
水立方 ETFE 膜		普通塑料（聚乙烯）	
硫酸腐蚀			

续表

油笔书写		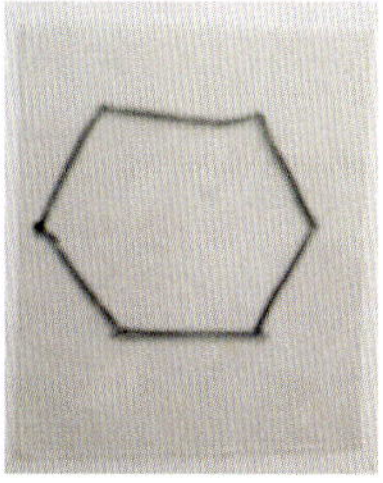
高温加热		
结论		
ETFE 膜具备的特点	耐腐蚀、耐高温、自洁	
我的收获		

使用情况及效果：

于 2007 年 10 月，北京宣武区中小学生科技博览会进行了展示，在展示期间有数千名中小学生和教师、社区居民参与了该项活动。由于是在 2008 年北京奥运会之前，水立方还未建成开放，因此格外吸引人，所达到的效果远远超出想象。一名多年从事科普工作的老同志说："参加了这项活动，一下就把那离我们遥远的神秘的高科技拉近了。使我们眼前一亮，真实地感

受到高科技就在我们眼前，这个设计的活动太好了。"很多中小学生开心地体验了水立方ETFE膜材料探秘活动，纷纷表示希望能做更多的实验和探索。一位小学生实验后兴奋地喊道"我懂了，我懂了"。问他懂了什么？他答道："水立方我全明白了。"学生的这句话使我们深深地意识到：水立方活动所贯彻的——要尽快地把新科学、新技术、高技术引到科普中，设计成动手做的形式——的理念是对的，今后我们要更多更快地为学生提供这样的实践机会，使学生在动手实践的过程中去感受高科技的奥妙。

  2008年8月初，我们将这项活动带到了日本全国青少年科技节，进行展示，受到了欢迎。在北京奥运会之前，使日本青少年感受到了北京奥运会的三大理念和科技成果，以及中国孩子们的科技活动的内容和特点。

  该活动内容的介绍曾发表在2008年《中小学生创新》杂志第一期上。

参考资料：

李君编，《ETFE膜材在建筑中的应用》，材料工业出版社，2007年12月。

二 技术制作类科普设计

你画龙来我点睛

北京市宣武青少年科技馆　刘　佳

设计基本思路与意图：

生活中我们经常能接触到发光二极管，但是很多人不知道它的特性和应用方法，而且即使学习了相应的知识，也不知道怎么为我所用。针对学生这一情况，结合学生爱动手的特点，设计了引导学生动手实践的群众性科学普及活动。结合画龙点睛的成语故事，教师设计了一块龙形图案的塑板，将发光二极管电路通过简单的链接，作为龙的眼睛闪亮起来。达到点睛的目的与发光二极管电路知识的简要介绍。使学生了解并认识发光二极管的特性，给学生一个学以致用的概念，引导学生认识电子技术应用就在自己身边。

制作过程：

制作材料

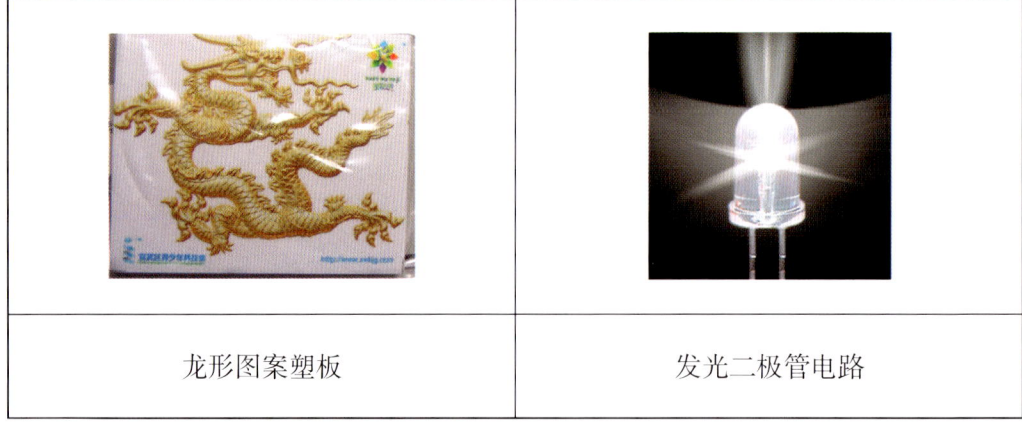

| 龙形图案塑板 | 发光二极管电路 |

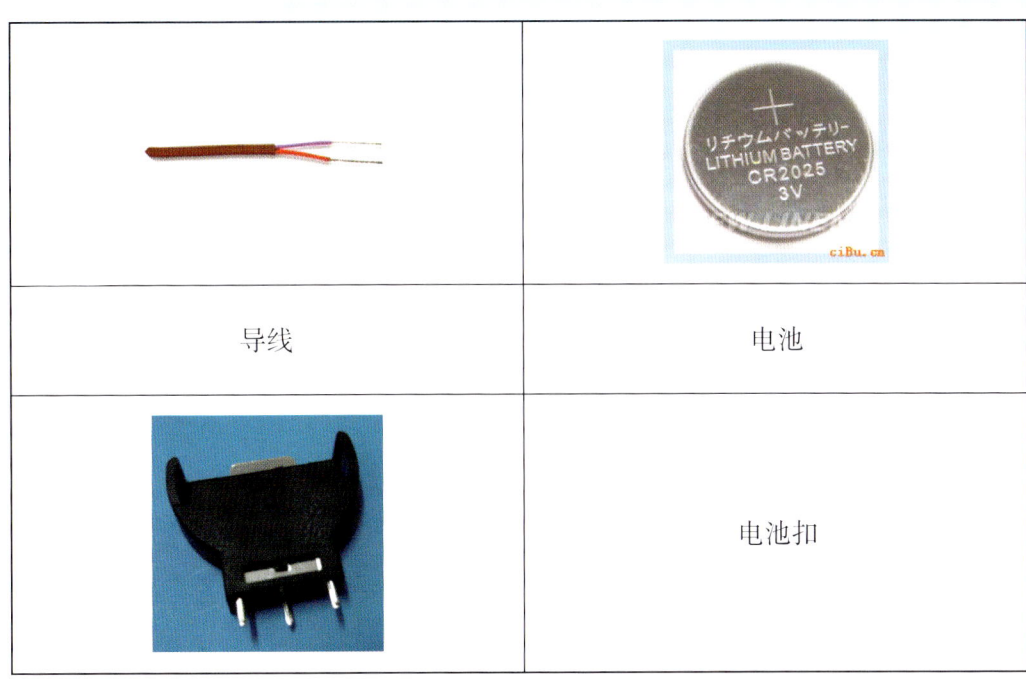

导线	电池

电池扣	

制作步骤：

将白色小灯（发光二极管即LED灯电路）从中国龙的眼睛部位插入板中，按到底部。

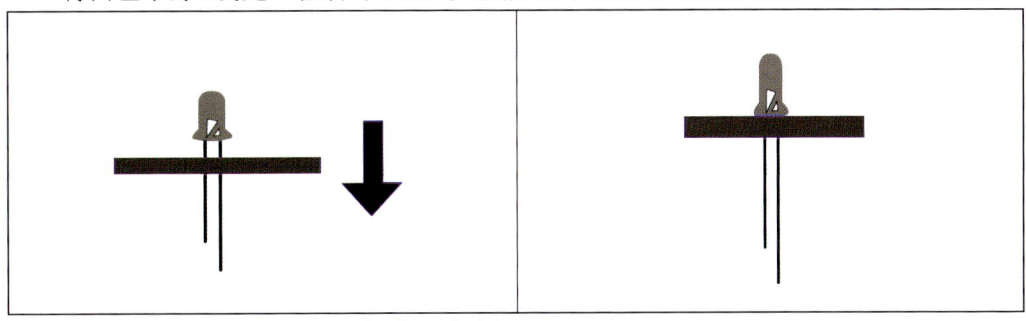

然后，将背面的两个金属部分左右掰开。

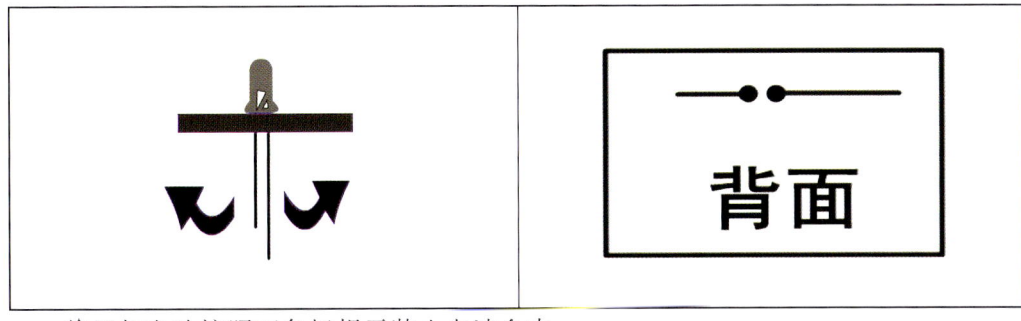

将纽扣电池按照正负极提示装入电池盒中。

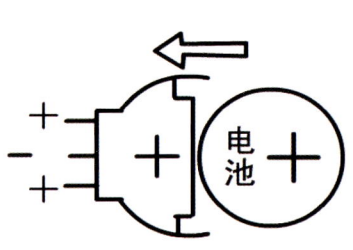 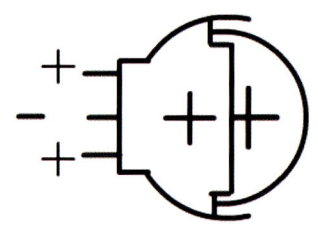

通过两条导线将电池的正、负极与发光管的正、负极（长正短负）相连。（注意区分正负极）

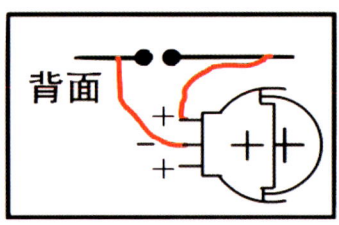

将电池盒粘到板子背面（无图案一面）。

画龙点睛完成，看看我们做的中国龙多有神采！

本项目的亮点：

通过中国经典成语故事与科学小实验相结合，使活动变得更生动、活泼，学生兴趣浓厚，并用闪烁发光二极管电路的变色效果来引发学生对相关知识的关注与渴望。

原本科学技术常常让人感到神秘，学习起来思想上有障碍。经过分析实际情况，教师尝试自己研究开发适合学生年龄特点的教具，开展普及性活动，收到了显著效果。

《画龙点睛》活动套材，巧妙地成为普及发光二极管知识的载体，活动设计从学生回顾画龙点睛的故事情景引入，从发现画龙和飞龙不同的问题入手，学生寻找科技眼睛，普及发光二极管知识，认识科学技术就在身边和学好知识的重要性。为完成作品奠定了良好基础。"我让龙的眼睛亮起来了！"同学们高喊着。原来我们也可以知道这些高科技产品是用发光二极管制作的原理呀！学生亲自动手制作发光二极管的小作品，既使学生认识其特性，又巧妙引导学生进入问题情境，逐步走近科技，使普及活动顺利开展。所以学生普遍制作效果好，在不知不觉中走近了科技。

使用情况及效果：

北京市科技成果展示会现场制作 500 余套。

2010 年宣武区各校科学普及活动 1000 套（青年湖小学、前门分校、北京小学等学校）。

参考资料：

《从零起步学电子》，人民邮电出版社。

令人好奇的古代织布机

北京市宣武青少年科技馆　刘　然

设计思路与意图：

一提起古代的织布机，就会让人十分好奇、向往，愿意看一看，自己动手织一织布，体验一下那奇妙的遥远的"故事"，弄明白那一丝一缕的线究竟是如何被织成布的。为了满足人们的这种愿望，特别是青少年的好奇心，我们寻找到了一个简易的迷你"织布机"。

用迷你织布机还原一下中国古代的织布过程。通过用简易织布机学习了解织布的基本方法和过程，亲手织成一块毛线布。从而培养青少年的科技动手能力，留心身边的事物，去探索的意识。

制作原理：

迷你织布机是利用经纬交错的原理来进行织布的。

根据经线与纬线交错的原理，将带着纬线的梭子从经线中间穿过，经纬交错后用综将交点梳下。这样织的布既牢固，又不容易破损，就算破损了也不会跑线。

 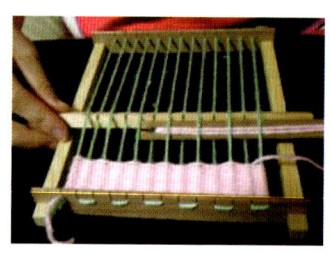

制作器材：

有梳齿的木条

无梳齿的木条

1把齿梳

1根综（zēng）

1根梭子

彩色毛线若干

制作步骤：

1. 如图，将两根有梳齿的木条，与其余两根没有梳齿的木条拼成综框。

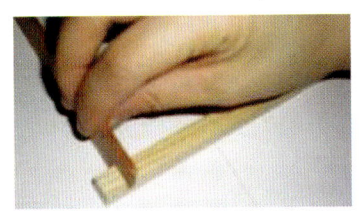 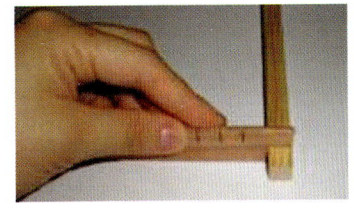

2. 取绿色毛线为经线，将毛线一头打结，固定在综框梳齿木条的一侧，以S形将毛线缠绕在综框两边的齿梳木条上。经线要绷紧，为下一步做好准备。

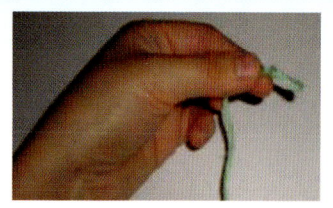
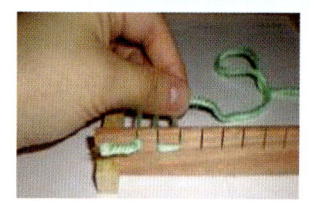

3. 取红色毛线为纬线，将毛线缠绕在梭子上，留出30厘米待用。

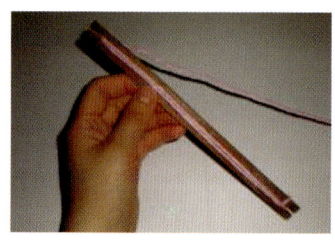

4. 将综置于经线下方，与综框上带有梳齿的木条平行，绷紧的经线和综框两端的木条，会将综牢牢地固定住。

5. 将经线与综上的木槽相对应，转动综，使经线依次错落，形成上下两个水平面。

6. 将缠好线的梭子，在经线中间横向穿过，使经线与纬线交错缠绕。同时，所织第一行纬线的线头要与经线的线头系在一起。

 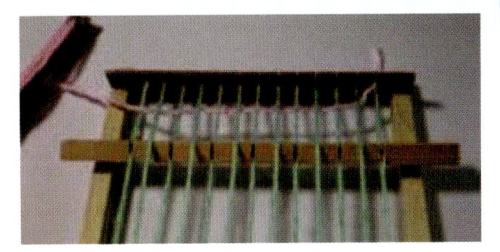

7. 用齿梳向上推进纬线。这样可以使布织得密实。

8. 转动综，把经线重新分层。重复 4~6 步操作。

9. 当毛线用完时，新增添的毛线的线头要与用完毛线的线头系在一起。

10. 最后，将尾线打结，把多余的线剪断，慢慢地从综框的梳齿上把织好的布取下来，用手把布展平，一块用迷你织布机 DIY 的"小毛毯"就完成了。

成果展示：

相关科学知识：

在地理学中连接南北两极的并同纬线垂直的相交线也称经线。经线指示南北方向，所有经线都呈半圆状且长度相等；两条正相对的经线形成一个经线圈；任何一个经线圈都能把地球平分为两个半球。

纬线是在地球仪上顺着东西方向，环绕地球仪一周的圆圈。所有的纬线都相互平行，并与经线垂直，纬线指示东西方向。纬线圈的大小不等；赤道为最大的纬线圈；从赤道向两极纬线圈逐渐缩小；到南、北两极缩小为点。

迷你织布机是把"经线"和"纬线"编织成相互交错的"网"，从而成为"布"。

项目亮点：

本项目抓住了人们对织布的好奇心，通过一个模拟的小型、简易、易做的织布机，满足了人们的好奇心，又实现了人们自己动手做的愿望，受到了热烈的欢迎。

项目使用效果：

该项目于 2007 年开始在宣武区中小学生科技博览会等多种大中型科技活动中、宣武科技馆的科技培训活动中开展使用，并受到了欢迎，效果反映良好。很多参加活动的学生，甚至成人，拿着自己编织的"小毛毯"，都十分兴奋、满足。

参考资料：

在这坐享"成衣"的时代，传统的织布技术已成为现代人遥远的"故事"，小时候总觉得纺纱织布是件奇妙的事，总想弄明白一丝一缕的线究竟是如何被织成布的。织布技术在我国有着源远流长的历史，中国机具纺织起源于五千年前新石器时期的纺轮和腰机。西周时期具有传统性能的简单机械缫车、纺车、织机相继出现，汉代广泛使用提花机、斜织机，唐朝以后中国纺织机械日趋完善，大大促进了纺织业的发展。

迷你织布机其实是原始织布机的一个缩小版。在迷你织布机上，用梭子按照中国传统的经纬织布法，不用花多少工夫就可以将五颜六色的毛线，织成一块如手帕大小的"小毛毯"。

会跳舞的彩虹宝宝

北京市宣武青少年科技馆　翟　琨

设计的基本思路与意图：

学生在学习电磁现象时经常感到很枯燥，通过制作会跳舞的彩虹宝宝，使枯燥的物理知识变得有趣，在制作过程中，学生可以清楚地观察到电磁现象、认识一些电器元件，了解电磁原理，培养他们对物理学习的兴趣。

彩虹宝宝是我馆科技彩虹行动中的吉祥物，代表着我馆的七大科技项目，本项目引用了彩虹宝宝的形象，作为作品的外形。

科学原理：

磁铁在重力的作用下下降，当磁铁接近干簧管时，电路导通，使得线圈通电，产生磁场。电磁场与磁铁磁场之间产生吸引作用，将磁铁向上"弹"起。被"弹"起的磁铁离开干簧管，干簧管断开，线圈内无电流，电磁场消失，磁铁又在重力的作用下下降，以此往复。

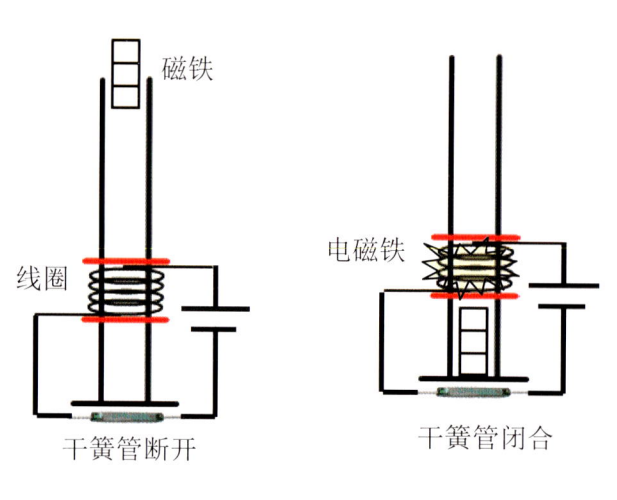

干簧管是一种磁敏的特殊开关。它通常由两个或三个软磁性材料做成的簧片触点，被封装在充有惰性气体（如氮、氦等）或真空的玻璃管里，玻璃管内平行封装的簧片端部重叠，并留有一定间隙或相互接触以构成开关的常开或常闭触点。

制作过程：

制作材料：

工具		
 砂纸	 双面胶	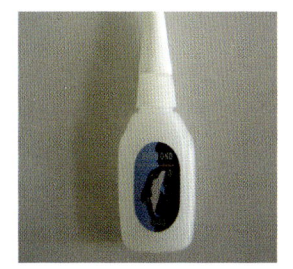 胶水

材料			
 彩虹宝宝	 底板	 吸管	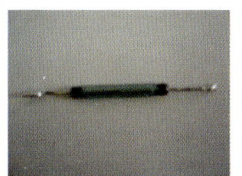 干簧管
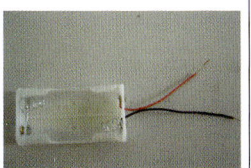 电池盒	 线圈	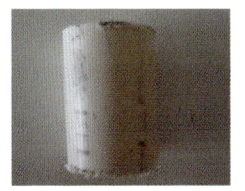 PVC管	 磁铁

制作步骤：

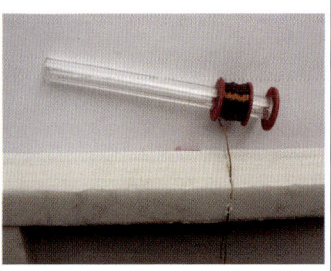

1. 用砂纸打磨线圈两头的漆包线，并将线圈两端从底板缝隙中穿入

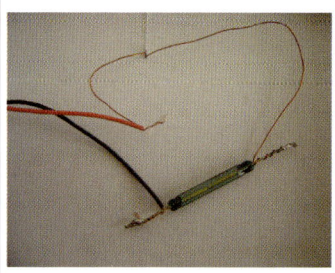

2. 将线圈、干簧管、电池盒分别连接好，组成一个串联电路

3. 用双面胶将电池盒和干簧管粘贴到底板上

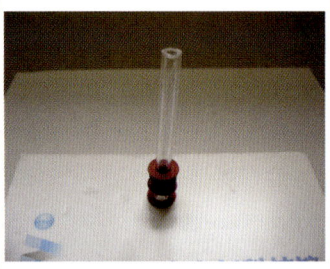

4. 放入电池，将底板反转过来，正面朝上，将线圈管立直

5. 放入磁铁，寻找能让磁铁跳起来的地方（注意磁铁的磁极）

6. 找到好位置后，套上PVC管，用胶水将PVC管粘牢

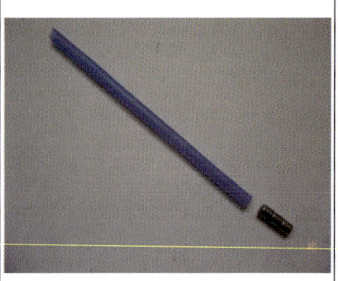

7. 将磁铁套在吸管的一端

8. 吸管的另一端穿入彩虹宝宝的卡片中

9. 将带磁铁的吸管放入带线圈的有机玻璃管中，完成作品

本项目的亮点：

将枯燥的电磁知识以学生动手实验的形式展现给学生，使学生在制作过程中清楚地观察到电磁现象，提高了学生学习物理知识的兴趣。

本项目有效地体现出科学探究的过程。线圈与底板的距离，磁铁的个数以及磁铁与干簧管的位置都影响着彩虹宝宝跳动的频率和高度，在整个制作调试过程中，学生可以通过探究的形式进行实验，这就使得整个制作过程变成了带有探究性学习的科技小制作。

项目已开展活动的情况及效果：

该项目已应用于 2009 年北京市青少年科技节、北京青年湖小学、北京小学、北京碳儿胡同小学等学校科技活动，在广大中小学生中进行了传播。学生普遍对该项目产生了浓厚的兴趣。

参考资料：

阎金铎主编：《物理》学科教材（9 年级用 全一册），出版社

零起点认识单片微型计算机

北京市宣武青少年科技馆　孙　可

设计基本思路与意图：

鉴于目前中小学生学习认识单片微型计算机，都是从单片学习机（如DP801、DP811等）或机器人、游戏机等，开始入门进行学习的这种情况，本活动的设计是以单片微型计算机的芯片为切入点，零距离地认识单片微型计算机，并以此开展学习单片微型计算机。

本活动的设计思路是通过与微型计算机的比较，来认识单片微型计算机的芯片；通过使用面包板、电池、发光二极管、电阻、插针线、导线与单片微型计算机进行连接，来达到认识、了解单片机的工作，实现从零点认识单片机的目的。使学生建立一个本来面目的单片机知识结构基础，同时建立一个以动手为切入点的学习单片机的方法和理念。这一设想在实践中已得到了一个很好的开端，得到了预期的效果，激发了学生对单片机的学习兴趣。

科学知识：

单片机（概念）——单片机是一种集成在电路芯片上，把具有数据处理能力的中央处理器（CPU）、存储器、多种I/O口等功能集成到一块硅片上构成的一个小而完善的计算机系统。

制作实验过程：

一、活动材料

单片微型计算机

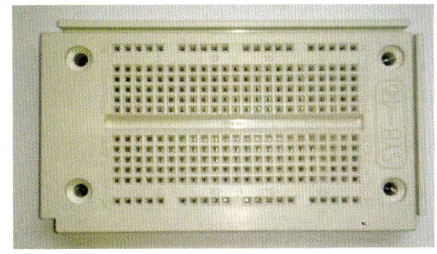
面包板

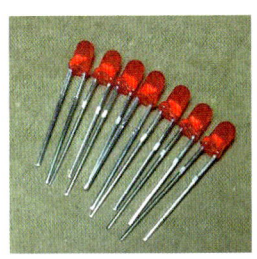
发光二极管

电阻

插针线

电池盒

二、活动过程

（一）分析打地鼠游戏机，认识单片机的功能、特点与组成

1. 体验单片机的功能与特点。

地鼠会发光	单片机的"会动作"特点
地鼠会按照一定的顺序出现	单片机的"可编程"特点
地鼠会被人按灭	单片机的"能判断"特点

2. 认识单片机系统的组成

类比计算机认识单片机系统组成

计算机系统	打地鼠游戏机	功能
显示器	发光二极管	显示信息
主机	单片机微型计算机	判断输入控制输出
键盘	按键	输入信息
Windows	程序	制定功能

（二）制作程控节日彩灯

1. 认识实验器件，大部分为学生科学课常用的器件。

（1）掌握面包板各孔名称，便于下一步插线。

（2）认识单片机管脚名称。

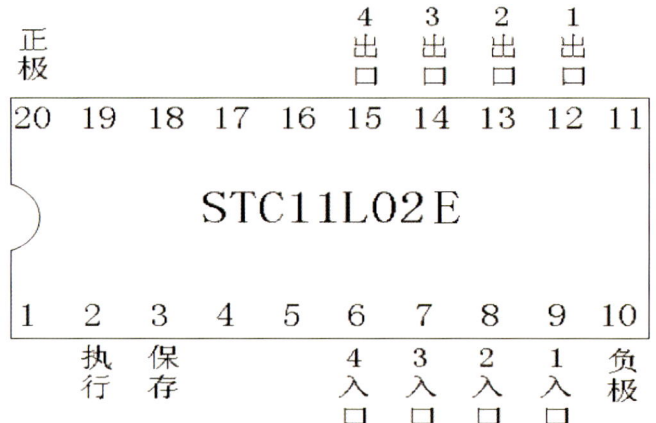

2. DIY 节日彩灯

本活动备有实验说明书，学生参照说明实验，教师逐步降低指导程度，鼓励学生独立思考并实践。

任务一：安装信号灯并供电

意图：观察单片机的开和关，认识单片机的供电方法。

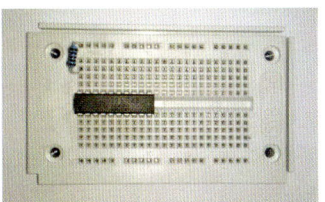 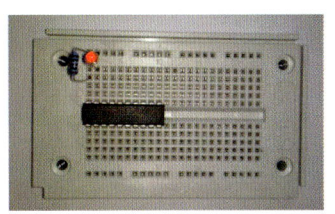

安装电阻：将电阻的双脚向上折弯，使电阻成 U 字形。将电阻的一脚插入面包板 B1 孔，另一脚插入 X1 孔。

安装信号灯：将发光二极管的长脚插入 X2 孔，短脚插入 A2 孔。

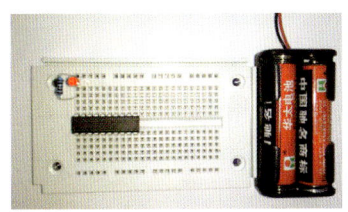 

安装电池：将两节电池装入电池盒（注意电池的正负极）。

连接供电：橙色（或红色）插针线一端插入 C1 孔，另一端插入电池盒红线一端的接头，完成正极连接。

棕色（或黑色）
插针线一端插入 J10 孔，另一端插入电池盒黑线一端的接头。

测试信号灯：取出 J10 孔的黑色插针线，而后再次插入 J10 孔，使单片机重新启动一次，可以看到信号灯闪烁 1 次，表示单片机开始正常工作。

任务二：点亮一个彩灯：安装并开启 1 号彩灯

意图：通过灯的亮灭感受单片机输出端口的功能。

安装 1 号灯：将发光二极管长脚插入 X9 孔，短脚插入 A9 孔。

打开 1 号灯：将任意颜色的插针线一端插入 I10 孔，另一端触碰单片机 9 脚。

关闭 1 号灯：用 I10 孔插针线另一端再次触碰单片机 9 脚。

思考：1 号灯的点亮操作是什么？

任务三：点亮多个彩灯

意图：通过多个彩灯的亮灭认识多输出端口。

安装 2 号灯：将发光二极管长脚插入 X8，短脚插入 A8 孔。

打开 2 号灯：用插入 I10 孔的插针线另一端触碰单片机 8 脚。

关闭 2 号灯：用 I10 孔插针线另一端再次触碰单片机 9 脚。

思考：1号灯、2号灯点亮操作有什么区别。

挑战：会不会有3、4号灯，应当连在什么位置？如何点亮。

任务四：体验互动小游戏

意图：体验小游戏，感受单片机的输入检测和输出控制。

点亮信号灯：用I10孔插针线触碰单片机11脚，可以看到信号始终点亮。

启动游戏：用I10孔插针线碰单片机6脚，信号灯闪烁3下，游戏开始。

关闭游戏：取出J10孔插针线，切断电源，游戏自动关闭。

思考：为什么单片机可以和我们做游戏？

解释：单片机内部包含程序（相当于计算机里的Windows），程序不断检测人的输入，根据人的输入自动控制显示的改变。以互动游戏为例，当彩灯点亮，若点击正确的入口，则游戏成功同时会点亮另一个彩灯；如果点击错误则互动游戏结束。

成果形式：作品成果（见上图）

项目的亮点：

1. 它是以单片机的芯片作为青少年学习单片微型机的切入点，而不同于现有的以单片机学习机为起点的学习模式。

2. 这个项目从一开始就突出动手实验、动手操作、动手设计，而不同于从学习编程入手学习单片机、认识单片机的模式。

这一模式是以培养硬件、软件一起抓的单片机人才为目标，从青少年抓起的学习新模式。

使用情况及效果：

该项活动于2009年开始在宣武青年湖小学、北京实验一小前门分校两所学校六年级近100名学生参与本活动，活动后大部分学生对单片机产生浓厚的学习兴趣。

参考资料：

《单片机原理与应用技术》，科学出版社

简易科普瓶装船的设计与制作

北京市宣武青少年科技馆　丁云涛

设计思路与意图：

瓶装船模型是航海模型中的一种，也是一种十分吸引人的工艺品。瓶中的帆船无论是船的长度，还是帆的高度都远远大于瓶颈口的直径（见下图），令每一个初见的人都会感到惊讶和好奇。瓶装船的制作，工艺要求十分高，没有经过训练是不易掌握、了解的。为了满足人们的好奇心，掌握其中的科学思想和方法，我们专门设计了一种简易科普瓶装船，仅使用身边的材料，降低了材料的难度。意在通过这样的制作，满足青少年和人们的求知欲，了解瓶装船的基本工艺、工具及工具的使用、制作的技巧及思想方法。从而激发青少年对科学技术的兴趣，达到培养其科学素养的意图。

科学原理：

当把一个远大于瓶颈口的仿真船放入大肚瓶中的时候，在思想方法上是采用以变求胜；因此，在技术上采取的是将帆桁及桅杆在瓶外先做出成活，放平在船身上，与船身一起用专用镊子通过瓶颈放在瓶身，而后再用工具通过瓶颈口，在瓶内将船体固定、帆桁、桅杆复位，绳索固定等一系列步骤制作完成的。

在简易瓶装船中,我们采用了可伸缩、弯曲的塑料吸管做桅杆,解决克服了木质材料做桅杆对技术上的高要求,同时塑料吸管、塑料瓶在身边随处可取。

制作材料:

KT板、矿泉水瓶、细线、双面胶、带可弯曲、伸缩的塑料吸管、502胶水。

制作工具:

剪刀、镊子。

制作过程:

1. 首先用KT板设计制作船体,固定好桅杆。

图2 在桅杆、船体低部粘双面胶　　　图3 在桅杆上粘上帆

图4 在船尾部的大头钉上系绳　　图5 把桅杆放倒　　图6 撕掉船底部的双面胶

2. 将制作好的船体装入瓶中

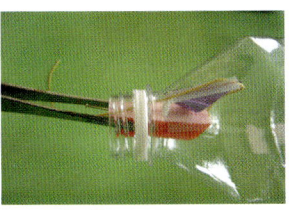  

图7　用镊子将船体放入瓶中　　图8　把船体粘在瓶子上　　图9　把桅杆拉起来

 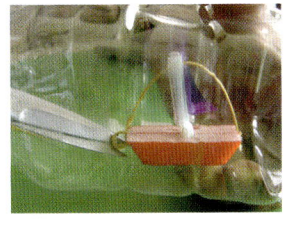 

图10　把线系在另一个大头针上　　图11　剪去多余线头　　图12　制作完成

相关知识介绍：

瓶装船模型是航海模型竞赛的项目之一，要求把一条比例仿真舰船模型制作于透明的玻璃瓶中，竞赛时要依据模型的仿真度及制作难度打出比分。瓶装船模型属于仿真类航海模型，可制作成场景模型或把一条整船置于瓶中，在国际竞赛中属于c—5级别。我国模型运动员在该项目的国际竞赛中多次获得金牌。

瓶装船作为一种国际竞赛项目，在专业性上对船模型的仿真性的要求，决定了对工艺及技术水平方面的要求是很高的，没有经过专门的模型制作的训练与实践，是不可能完成这一模型制作的。

瓶装船是怎样产生的？

瓶装船的产生源于航海，早期的船舶要在海上航行很长时间才能到达目的地（当年哥德堡号从瑞典到中国要用一年的时间），船员们为了打发枯燥的海上生活，于是在航行中以制作模型为乐趣，有的船员为了炫耀自己的技术，把制作好的船放入空酒瓶中，这样就产生了瓶装模型这项独特的技术。

思考：

1. 在日常生活中有哪些事物运用和瓶装船相类似的技术方法？举出几个例子，你能运用这种方法做些什么创意的活动。

2. 在做瓶装船中，你能设计增加一些海浪等场景吧？试着努力一下！

本项目的亮点：

将具有高难度技术的内容引入到青少年科普活动中，并创意地采用身边的材料，降低了难度，在30分钟左右就可以学会并做成一个瓶装船。这是一件有意义的工作。从而使瓶装船模型技术的推广具有了普及性。这是一件具有创造性的工作。

使用情况与效果：

该项目于2006年、2007年暑假期间，两次参加了中国科技馆举办的"科技动手做，欢乐大庙会"活动；2007年在北京宣武区中小学生科技博览会上展出；2008年、2009年暑假期间，两次赴日本东京参加了日本"全国青少年科技节"，进行了展示，组织日本青少年制作了简易科普瓶装船；多次参加了在北京举办的多种大中小型科技活动；目前已成为宣武青少年科技馆的模型制作的一项日常活动项目，并被北京一些区、县列入了青少年模型竞赛项目。该项目在各种场合都颇受欢迎，社会各方面反映良好，尤其受到青少年和家长们的钟情和喜爱。该项目内容曾发表于《中小学生创新》杂志2009年第一期。

三 新引进、新开发科普小制作

巧做生命的螺旋

北京市第六十六中学　刘　琴

设计基本思路与意图：

你知道为什么"龙生龙，凤生凤"，为什么孩子会和父母长相相似。答案就在于我们身体的细胞内存在遗传物质——DNA（脱氧核糖核酸）。神奇的DNA是什么样的？本项目通过制作DNA双螺旋手链，将微观结构宏观化，陌生知识熟悉化，达到直观上了解DNA双链的组成及双螺旋结构特点的目的；增加对DNA的感性认识；有利于学生对抽象生物专业名词的学习与理解。

科学原理：

DNA（脱氧核糖核酸）是生命的主要遗传物质。它主要位于细胞核中，以染色体的形式存在，现有的技术手段无法直接观察其结构。它的主要结构特点是：由两条链组成，脱氧核糖和磷酸交替连接，排列在外侧，碱基排列在内侧；两条链上的碱基通过氢键连接成碱基对。

制作材料：

白色塑料棉棒若干，两种不同颜色塑料珠若干，透明弹力线（约1米）。

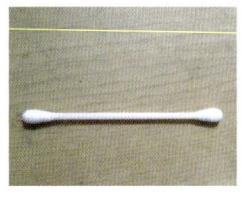   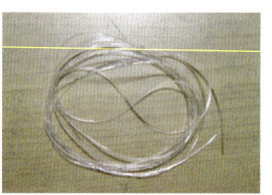

材料与DNA各个结构的对应关系如下表所示：

材料	棉棒段	白色塑料珠	蓝色塑料珠
模拟对象	互补的碱基对	磷酸	脱氧核糖

制作过程:

1. 将塑料棉棒去头尾(图a),分别剪成"∧"和"\"两种切口的小段备用。(图b、c,用于模拟A-T、C-G碱基对,可由工作人员提前完成)

2. 将准备好的两段长度相等的弹力线分别穿入两个性状互补的小段中。(图d、e)

3. 向一根弹力线两端分别加入一颗代表脱氧核糖的蓝色珠子。(图f)

4. 将代表脱氧核糖的蓝色珠子和代表磷酸基团的白色珠子依次由弹力线的一端穿入(图g);另一端同样操作(图h)。

5. 向其中一根弹力线中穿入两互补的棉棒小段(图i)。将同侧另一根弹力线反方向穿入该小段中(图j)。两头拉紧(图k)。

6. 重复步骤4、5,完成剩下的手链部分,注意穿入珠子的颜色依次为白色和蓝色,顺序不能颠倒。(图l)

7. 捏住手链两端,将其反方向扭转,得到螺旋状手链。(图m)

8. 将手链一端上下的线头分别从上下穿入另一端的塑料小段中,拉紧,打结。(图n、o)

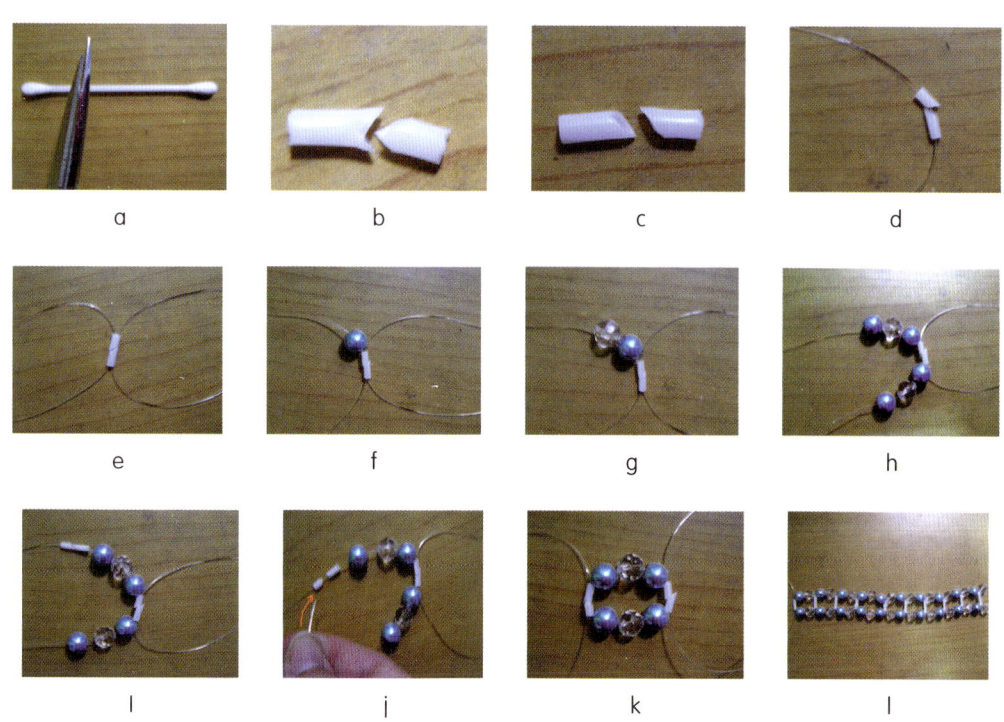

m　　　　　　　　　n　　　　　　　　　o

亮点：

将微观知识融入学生日常生活中，使晦涩的知识模型化、可视化，形式美观、携带方便，学生乐于接受。在双链的基础上我们加以改进，使手链反映出了 DNA 的双螺旋结构。

参考资料：

朱正威、赵占良：《普通高中课程标准实验教科书 生物 2 必修 遗传与进化》，人民教育出版社 2007 年。

神奇的密码

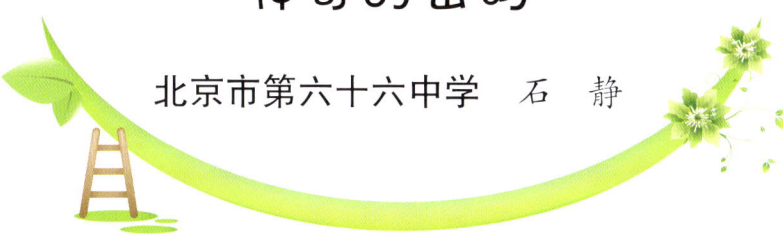

北京市第六十六中学　石　静

设计基本思路与意图：

以密码学这一充满神秘性的话题为切入点，激发学生的好奇心。充分考虑学生的年龄层次，选取简单的密码破译和编写方法。通过密码的快速破译，体会成功获得信息的喜悦，获得破译密码与编写密码的技能。让学生体会到，数学知识拥有广泛的应用性，激发学生对数学学科的兴趣，同时也是对学生逻辑思维能力的锻炼和提升。

项目主要实施过程：

由于数学是多种基础科学的综合，所以在破译密码中我们用到了逻辑学、物理学、化学等相关知识。

（1）介绍密码破译方法：

镜像密码：利用小镜子的成像原理破译密码。

将密码条用镜子成像，左右相反，即可破译密码。

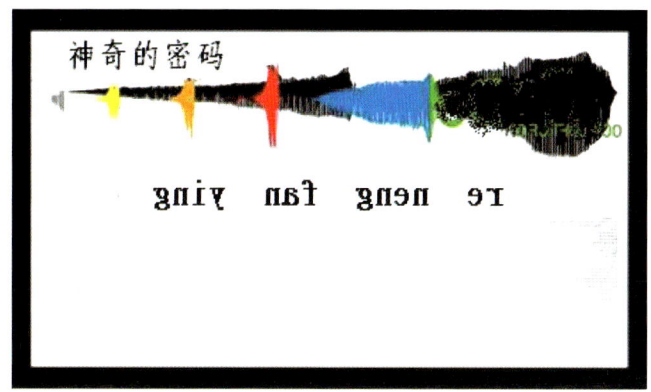

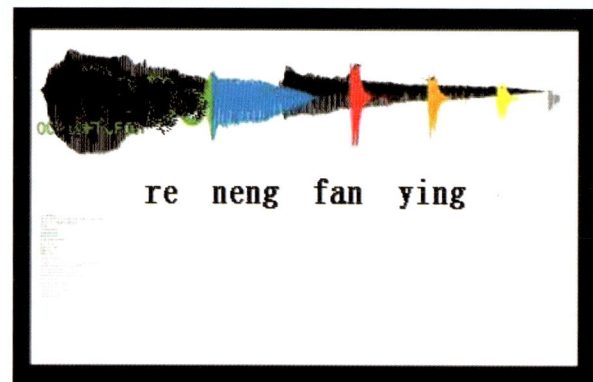

镜面中的影像：

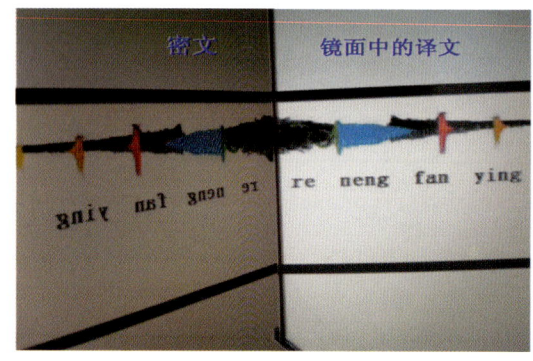

凯撒移位密码：

利用 26 个英文字母的顺序进行破译

密文：qd mdmf ezm xhmf　　破译为　　re neng fan ying

　　　　　　　　　　　　　　　　　热　能　反　应

破译过程：a b c d e f g h i j k l m n o p q r s t u v w x y z

每个字母对应自己后面的一个字母的规律进行破译

字母 q 的后面是 r，字母 d 的后面是 e。所以 qd 就破译为 re，以此类推。

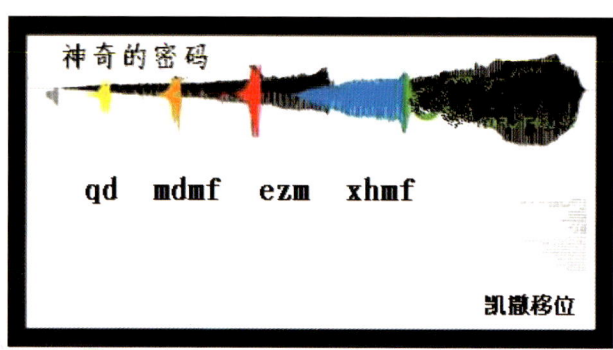

栅栏密码：

密文：rnnfnig eegayn　　　　破译为：　re neng fan ying

　　　　　　　　　　　　　　　　　　　　热 能 反 应

破译过程：现将密文拆成两行排列：

r n n f n i g

e e g a y n

再按上下、上下的顺序组合成一句话

（2）破译密码练习

1. 请利用镜像密码破译方法，破译下列密码

① ni hao

② Shen qi de mi ma

③ You zhi zhe shi jing cheng

2. 利用凯撒移位密码破译方法，破译下列密码

① whd whd

② adh ihmf gtzm xhmf mh

③ mhbd sn ldds xnt（译文为英文）

3. 利用栅栏密码破译方法，破译下列密码

nhnogig iecnmn

（3）编写密码练习

利用凯撒移位密码规则编写下列密码

① ba ba ma ma wo ai ni men（爸爸妈妈我爱你们）

② lao shi nin xin ku le （老师您辛苦了）

练习参考答案

破译密码练习

1. 请利用镜像密码破译方法，破译下列密码

① ni hao（你好）

② shen qi de mi ma （神奇的密码）

③ you zhi zhe shi jing cheng （有志者事竟成）

2. 利用凯撒移位密码破译方法，破译下列密码

① xie xie （谢谢）

② bei jing huan ying ni（北京欢迎你）

③ Nice to meet you !

3. 利用栅栏密码破译方法，破译下列密码

 ni hen cong ming （你很聪明）

编写密码练习

利用凯撒移位密码规则编写下列密码。

① az az lz lz vn zh mh ldm

② kzn rgh mhm whm jt kd

本项目的亮点：

1. 这是一个创新项目，从学生很陌生但是又充满好奇的密码学入手，从一个全新领域建立对数学学科的兴趣和成功感。

2. 有兴趣的同学还可以自己编写密码：写祝福给自己的家人。在普及科普知识的同时，增强情感教育。

纸制翅果模型

北京市宣武青少年科技馆　岳　颖

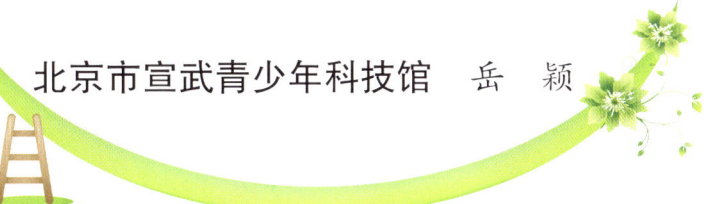

设计基本思路与意图：

对于靠风力传播种子的植物，学生往往会想到蒲公英，但实际上某些种子不但能够飞，甚至能在空中滑翔；还有一些种子的飞行姿态十分奇特。这些具有翅的果实通常被称为"翅果"。"翅果"的翅结构能够使植物种子借助气流，在空中滑翔至很远的地方，达到传播种子的目的。

这些具有滑翔能力的翅果对于生活在城市中的孩子来讲却难得一见，因为收集种子是很困难的，某些种子十分稀有，而且能得到种子大概是在秋天，而教学活动却不只限于秋天。在这种情况下，带领学生制作相应的种子模型，通过直观地再现种子的飞行方式可加深学生对所学内容的理解和兴趣。

制作过程：

一、柳安属植物果实模型

龙脑香科植物。坚果，宿萼发育成翅。

材料：

5cm×19cm 的硬绘画纸 1 张，13 号曲别针 1 个。

制作方法：

①

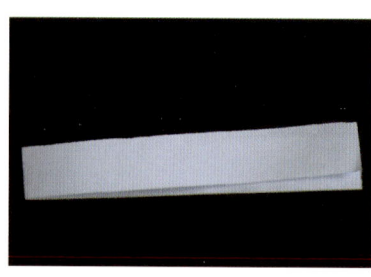

②

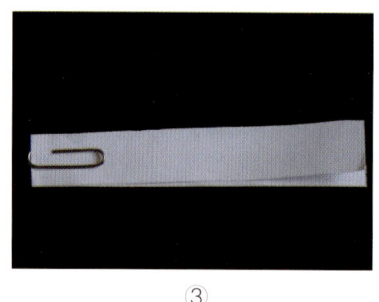

③

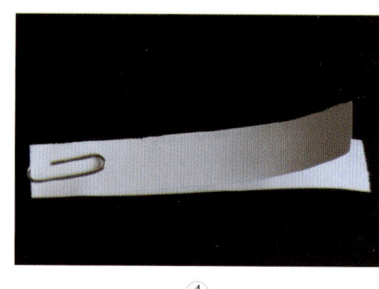

④

1. 把纸两端错开 5mm，然后在中间折叠，如图①、②。

2. 用曲别针在纸中间夹住，把纸两端用手指稍微弯曲一下。如图③、④。

使用方法：

飞行的时候，把曲别针朝前，像投镖一样，用大拇指和食指夹住，以天花板为目标投掷，下落时即可观察到果实的运动方式。

二、臭椿果实模型

苦木科植物。蒴果椭圆形，种子多数，有扁平膜质的翅。

材料：

1张 2cm×20cm 的长条形纸，圆形不干胶纸（直径 16mm）1 张。

制作方法：

 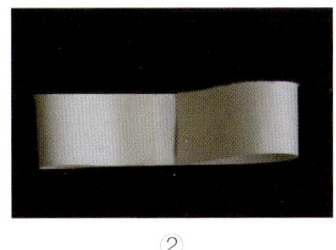 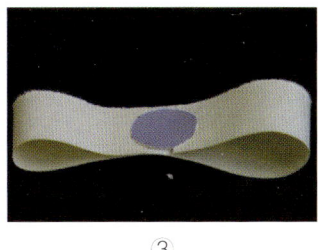

① ② ③

1. 把纸向中央互相折叠，中间留出 5mm，如图①、②。
2. 在中央贴上圆形不干胶纸，如图③。

使用方法：

用手指捏住圆形不干胶纸部分高高举起，然后轻轻地拿开手指，让它落下，此时可观察到果实模型以回旋方式飞行降落。

三、平基槭果实模型

槭树科植物，翅果。

材料：

10cm 正方形纸 1 张，13 号曲别针 1 个。

制作方法：

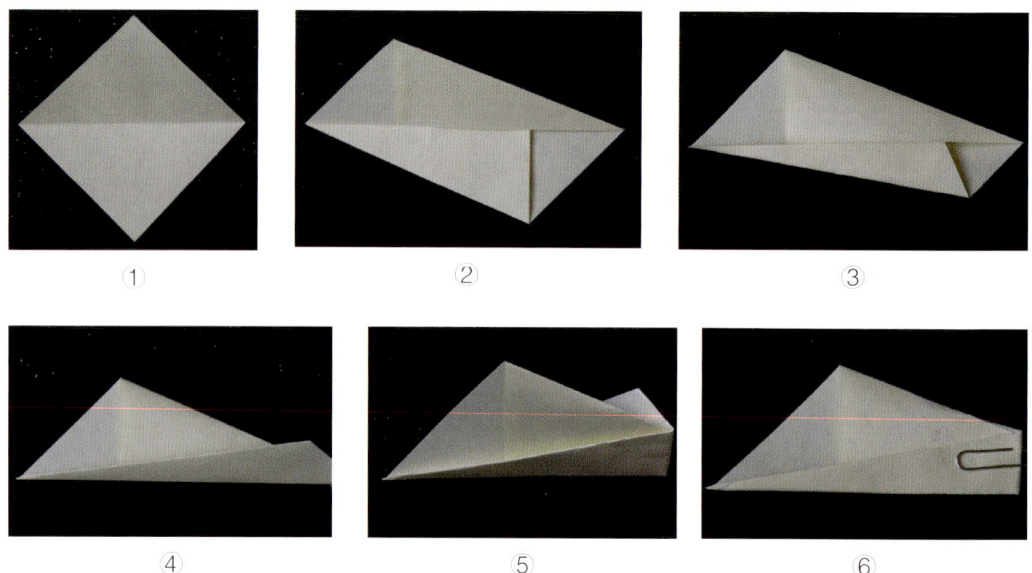

① ② ③

④ ⑤ ⑥

1. 如图①所示把折纸沿着对角线折叠，打开，然后沿着已折好的对角线如图②所示折叠。

2. 如图③，将下半部分再沿着对角线折叠，然后，沿着对角线全部折叠，如图④所示。

3. 如图⑤、⑥，将多余部分折到后面，用曲别针固定。

使用方法：

用手平着抛向空中，使其自然下落，即可观察到果实模型以旋转方式飞行降落。

四、翅子瓜种子模型

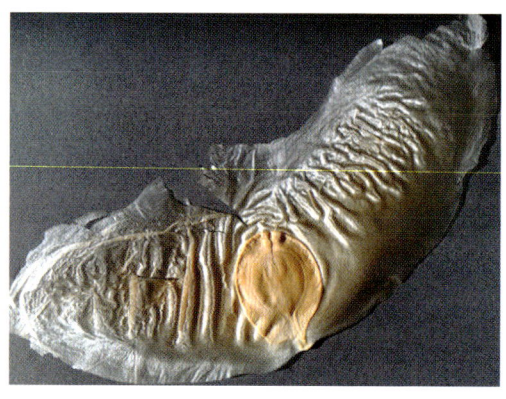

葫芦科植物，种子周围有膜质的翅。

材料：

长宽比为2∶1的纸一张。

制作方法：

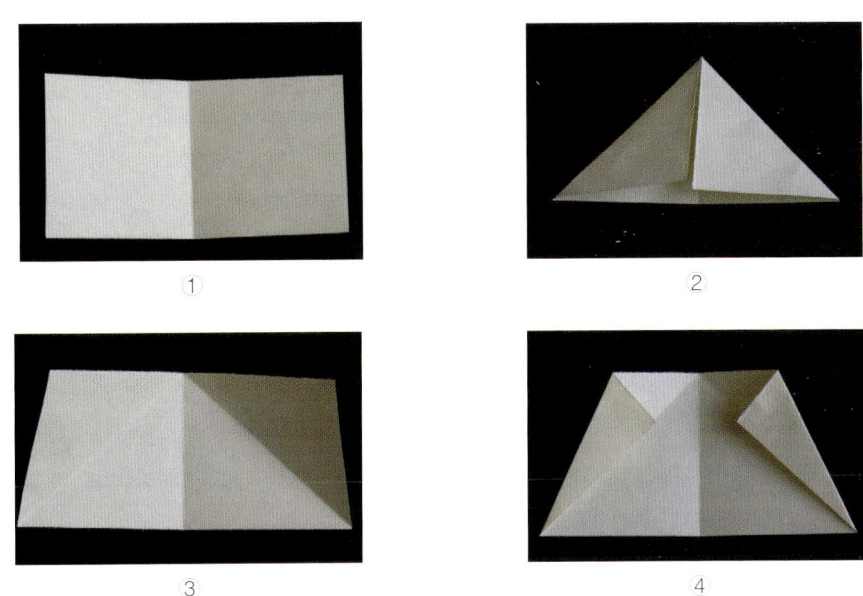

1. 将纸对折，打开，将两个上角向下折，与中线对齐，形成三角形。如图①、②。

2. 将三角打开，沿三角形折痕将两顶角向下折。如图③、④所示。

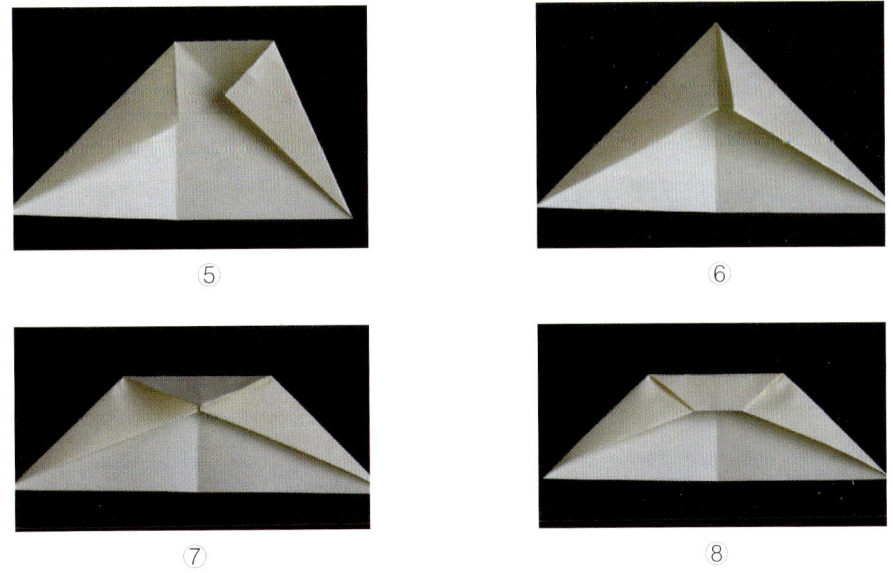

3. 按原有的三角形斜边折回。如图⑤、⑥。

4. 将顶角向下折叠至距底边 1/2 处，并将多余部分向回折叠。如图⑦、⑧所示。

⑨

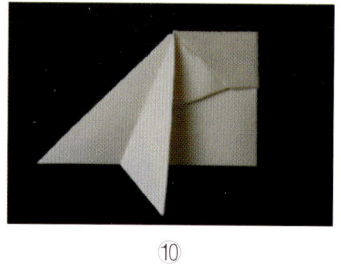
⑩

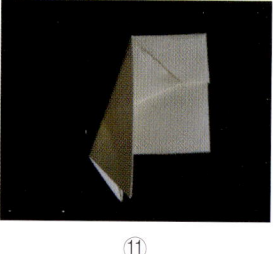
⑪

5. 如图⑨、⑩、⑪所示，将纸向后对折，将斜边向内折叠使斜边与中线平行。

⑫

⑬

6. 将折纸打开，稍稍抚平，保留一定的弧度即可，如图⑫、⑬所示。

使用方法：

用手将种子模型从高处水平抛出，种子模型可借助微弱的气流滑翔很远的距离。

成果形式：

纸质翅果模型

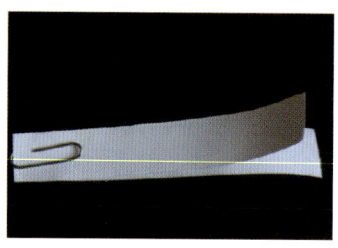
柳安翅果模型

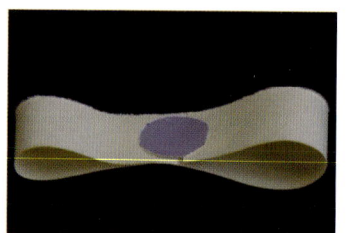
臭椿翅果模型

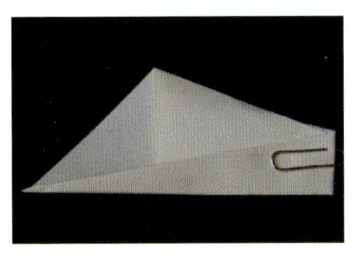

平基槭翅果模型　　　　　　　翅子瓜种子模型

相关知识介绍：

翅果（chiguo）。具有一个或多个翅状附属物的果实。为干果中的一种，果皮干燥不开裂，部分延伸成翅，可借风力帮助果实传播。例如槭、榆、白蜡树等的果实即属翅果。

干果（ganguo）。果实的一类。果实成熟时果皮干燥，开裂或不开裂。果皮开裂的叫裂果，如荚果、角果、蒴果等。果皮不开裂的叫闭果，如瘦果、坚果、翅果、颖果等。

本项目的亮点：

使用最易得的材料，通过简单的折叠，制成形象的翅果模型，并能够模拟真实翅果的飞行状态，利于学生了解翅果的结构和功能，同时培养了学生的动手能力和想象力。

使用情况及效果：

学生体会1：我最喜欢翅子瓜种子模型，就像一个小滑翔机，能够在空中飞行很远。（小学二年级）

学生体会2：通过对平基槭翅果模型飞行的研究使我真正体会到了结构与功能相适应这一生物学原理，为我研究植物找到了新的方法与思路。（高二）

参考资料：

《中国中学教学百科全书》生物卷。

神奇的视觉差

北京宣武陶然亭小学　杨　京

设计基本思路与意图：400字以内

学生对视觉差现象了解不多，出现视觉差时往往对看到的现象感到迷惑，这是学生认知水平所限制的。当学生看到上图时往往对图片中的现象不理解，这时如果没有具体的模型让学生理解的话，学生很难理解视觉差的含义。为让学生从结构、构成方面了解视觉差的形成，如果把这种错觉变成具体的模型，让孩子自己动手通过简单的剪、折、粘等制作，最终形成视觉差模型，调整观看角度，用自己制作的作品形成视觉差，发现其中的现象和道理，他们对视觉差的理解会更加深刻，记忆也会更深，这样会加深他们对视觉差的理解和认识，从而能够科学地认识生活中的一些视觉错觉。

制作实验过程：

1. 观察图片，设想图片中物体的结构

这张照片是反映了爱因斯坦大师相对论，从透视的错位中给人以遐想的。1905年，爱因斯坦创立狭义相对论，1916年他又创立了广义相对论。狭义相对论揭示了空间、时间、质量和物质运动之间的联系；广义相对论则建立了空间、时间是随着物质分布和运动速度的变化而变化的理论。这是现代物理学的基础理论。

埃斯切尔的不可能的盒子：比利时艺术家马瑟·黑梅克，从荷兰平面造型艺术家M.C.的一幅画中吸取灵感，创造了一个不可能存在的盒子的实物模型。

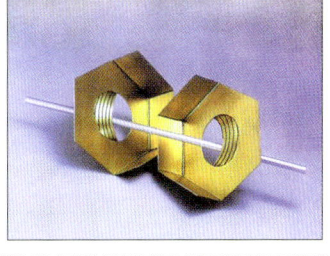

疯狂的螺帽，你知道直铜棒是怎样神奇地穿过这两个看似乎成直角的螺帽孔的吗？

【解析】两个螺帽实际是中空的，虽然它们看起来是凸面的，所以两个螺帽并不互相垂直。螺帽被下方光源照到（一般光线应来自上方），这给人们判断他们的真实三维形状提供了错误信息。美国魔术世界里·安德鲁斯创造了这个精彩的幻觉作品。

2. 根据图纸进行制作

①打印图纸　　　　　　　　　②把图纸按边缘剪下

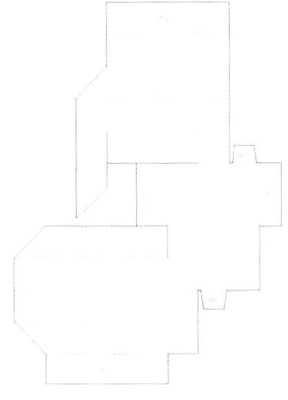
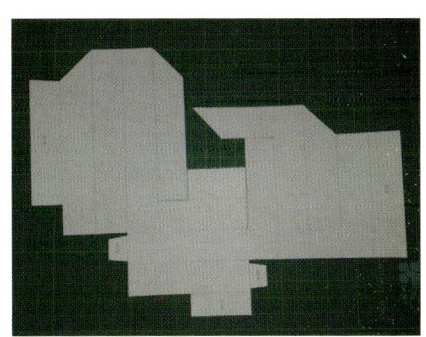

三、新引进、新开发科普小制作

71

③按虚线折叠图纸　　　　　　④有文字的地方进行粘贴

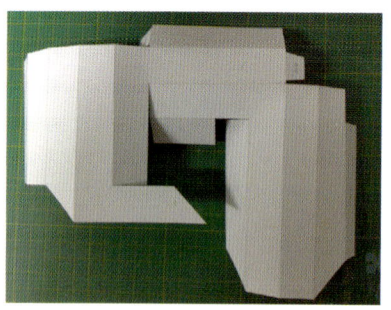
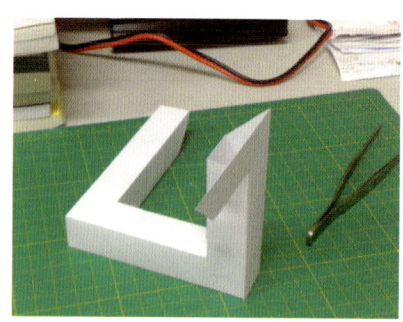

⑤慢慢转动模型，换一个角度用单眼或照相机再看一看，你会发现什么？

现在明白视觉差是怎么形成的了吗？

成果形式：

使用情况及效果：

学生制作时间大概需要 20 分钟，配合示例图片可很快理解视觉差现象。

参考资料：

http://www.iciba.com/%E8%A7%86%E8%A7%89%E5%B7%AE

http://hanyu.iciba.com/wiki/444817.shtml#1

http://photo.zj.com/10384/viewphoto.htm?pid=398281

http://www.geocities.jp/ikemath/

有趣的密铺世界

北京第六十三中学　马　杰

设计基本思路与意图：

密铺是一个数学概念，指的是可以将一个平面无缝隙、无重叠地覆盖，也称为镶嵌。密铺虽然随处可见，但是生活中见到的大多是比较规范的几何图形，比如正方形、长方形、菱形、三角形，学生从来没有思考过哪些图形可以实现密铺。实际上所有全等的三角形和全等的任何形状四边形以及正六边形可以实现密铺，其他图形不可以。

另外，把不同的图形经过组合也可以实现密铺，其结果往往更加巧妙和美观。

在建筑学和美学中，密铺随处可见。比如房间内铺设的地板、厕所内铺的马赛克、林荫小道上的石子路、美术创作中一些美丽的图案等。正是因为密铺在我们身边随处可见，所以比较容易引起学生的学习兴趣，引发学生的思考，进而引导学生去观察身边的数学。

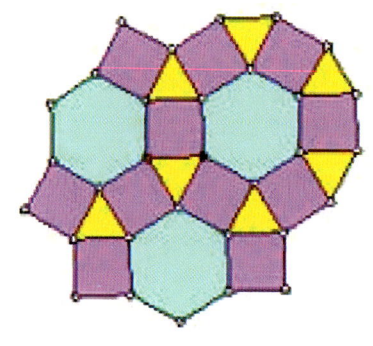

制作实验过程:

1. 材料:一块 20×20 的展板、若干块彩色卡纸制成的全等的几何图形及参考图片资料。

2. 引导学生用最简单的图形实现密铺。比如矩形、三角形。学生应该是很顺利地完成。

3. 要求学生用全等的不规则四边形尝试密铺。这时动手能力较强的学生可以实现,但大多数学生会感觉困难。此时需要教师进行指导:将四个四边形拼在一起,每个四边形贡献一个不同的角就可以了。利用的是四边形内角和360°。启发学生为什么四边形的内角和是三角形内角和的 2 倍,作为探究的延伸。

4. 要求学生用不同的图形经过组合实现密铺,有学生自己选择图形。开始时,学生一般会选择相对简单的图形,比如将正方形和直角三角形组合。虽然简单,但是学生的思路变宽了,知道不一定局限于一种图形。当个别探究能力较强的学生完成之后,必然会进一步探究别的可能性,此时又会进入到比较困难阶段。即使学生碰巧完成也很难明确其中的原理。教师在指导中,启发学生思考在满足了什么条件时才可以密铺。最终明确无论什么图形组合,只要各角之和是 360° 就可实现密铺。

相关知识介绍:

涉及的有关数学知识是:全等的三角形和全等的任何形状四边形以及正六边形可以实现密铺,其他图形不可以。另外,把不同的图形经过组合也可以实现密铺,其结果往往更加巧妙和美观。

本项目的亮点:

本项目通过实践向学生介绍密铺的定义,列举密铺在不同领域的应用,用图形展示优美的图案,引起学生的兴趣。

有趣的小球碰撞摆

北京市宣武青少年科技馆　李晓丹

设计的意图与思路：

小球碰撞摆是源于一个 20 世纪 60 年代发明的桌面演示装置——牛顿摆。这个摆由若干个悬挂在框架上的小球组成，小球之间无缝隙，刚好接触。由于其演示的碰撞现象，源于牛顿力学关于碰撞的基本原理（动量守恒、动能定理等），故被称为牛顿小球碰撞摆。

在高中物理教学中有关于碰撞的知识，这个小球碰撞摆有利于学生们的学习，而且学生可以通过一步一步的制作，不但学会了主动探究、主动学习，而且轻松地了解了简单的碰撞原理，可以提高学生的动手能力和培养学生对物理知识学习的兴趣。

科学原理：

牛顿摆是一个有趣"碰撞"现象，它直观地说明了弹性碰撞过程中动量的传递。

当把小球 A 拉起后放下，小球 A 把能量传给了小球 B，小球 A 能量消失，小球 B 再把能量传给了小球 C，小球 B 能量也消失，依此类推，最后能量传给了小球 E，小球 E 被弹起。

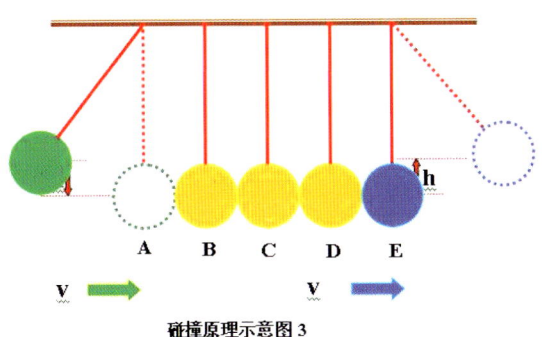

碰撞原理示意图 3

制作实验过程：

【材料】：羊眼圈 10 个、方木条 4 根、粗圆木棍 4 根、细圆木棍 4 根、带线玻璃球 5 个。

【制作步骤】

把羊眼圈拧入带眼的木条中。

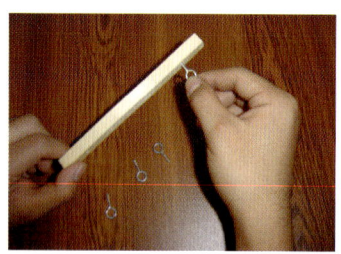 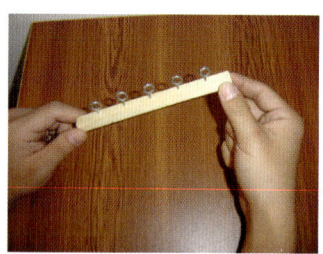

照图把圆木棍插入相应的孔中，组成框架。

把小球的线头拴入羊眼圈内，然后顺一个方向把多余的线绕在螺丝上，转动羊眼圈，调节小球在一条直线上即可（尽可能使小球接近底部，这样摆动慢，效果好）。

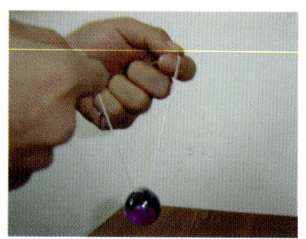  

成果形式：

本项目的亮点：

本项目的亮点在于：把高中物理知识的学习，结合于动手制作来实现，有助于学生对物理的理解和兴趣。为此特别受到了高中学生、中学物理教师们的欢迎。

使用情况及效果：

该项目于 2007 年宣武区中小学生科技博览会、中国科技馆科技大庙会以及宣武区多家中小学科普活动中展示，在广大中小学生中进行了传播。学生普遍对该项目产生了浓厚的兴趣，并愿意亲自动手实践，活动现场反应效果良好。尤其受到中学物理教师的欢迎，为学生理解科学知识通过动手做来实现，给以赞赏支持。

特殊形状晶体制备

北京市第十五中学　邢日辰　宋金秀　于　放

设计基本思路与意图：

本项目主要内容为开发系列具有特殊结构的晶体及其培养工艺，基于过饱和金属盐晶体生长的原理，将整个溶质结晶及生长过程衍生为一种寓教于乐的学习工具。制得的晶体色泽晶莹剔透，其漂亮的外形和纯洁无瑕的结构给人以美的享受，这类晶体能作为中小学生认识晶体生长过程、增强观察能力和提高学习兴趣的工具。本项目研发的产品独特之处在于对结晶组分

进行设计而产生出特殊结构，增强产品的观赏性和吸引力，适合中小学生独立或在家长带领下进行试验和观察，亦适合于高中以上青少年作为一种闲情逸致的玩具，更能作为具有纪念意义的礼品相互赠与。

现有产品将明矾、食盐、硫酸铜等晶体单独培养，本项目则在此基础上，通过组分设计与调控，让不同金属盐混合生长，获得不可预期的特殊结构晶体。该项目的研究能让学生更加深入理解晶体生长的原理，培养独立思考的习惯和锻炼实验动手能力。

晶体的结晶过程非常缓慢，正常时间需要几天，才能够获得完美形状的晶体。还可以通过加热过饱和溶液，然后低温急冻的方法加快结晶速度。为解决这一问题，我们准备采用提前做好样品展示。

科学原理：

2011年3月11日下午14时46分（北京时间13时46分）日本东北地区发生里氏9级地震，导致福岛县两座核电站反应堆发生故障。几天后，在中国出现抢购食盐事件。用海水晒盐其实就是蒸发溶剂制备晶体的方法，将海水引入盐田后，通过水的蒸发，使食盐溶液达到饱和，继续蒸发，食盐成晶体析出。

空心金字塔晶体生成的过程是先生成小的晶核，为倒立漂浮在液面上的小金字塔，而后再逐渐长大。晶体在液相中生长经历了三个阶段：①介质达到过饱和、过冷却阶段；②成核阶段；③生长阶段。

介质体系中，过饱和、过冷却状态的出现，并不意味着整个体系的同时结晶。体系内各处首先出现瞬时的微细结晶粒子，这时由于温度或浓度的局部变化，一些杂质粒子的影响，都会导致体系中出现局部过饱和度、过冷却度较高的区域，使结晶粒子的大小达到临界值以上，这种形成结晶微粒子的作用称为成核作用。

介质体系内的质点同时进入不稳定状态形成新相，称为均匀成核作用。在体系内的某些局部小区首先形成新相的核，称为不均匀成核作用。均匀成核是指在一个体系内，各处的成核几率相等，这要克服相当大的表面能位垒，即需要相当大的过冷却度才能成核。非均匀成核过程是由于体系中已经存在某种不均匀性，例如悬浮的杂质微粒，容器壁上凹凸不平等，它们都有效地降低了表面能成核时的位垒，优先在这些具有不均匀性的地点形成晶核。因此在过冷却度很小时亦能局部成核。本体系为不均匀成核，而后沿着金字塔四个边发生层生长。

在单位时间内，单位体积中成核数目决定于物质的过饱和度或过冷却度，过饱和度和过冷却度越高，成核速度越大。因此为获得较多的金字塔晶体，在加热到接近沸腾的条件下让足够量的反应物混合，达到高的过饱和态。

实验过程：

1. 使用70～100℃的热水配制一定浓度（质量浓度为16.7%～25.9%）的氯化钠水溶液。

2. 在热的氯化钠水溶液中加入5克聚乙烯醇和一定质量的硫酸铝钾晶体（氯化钠

的质量：硫酸铝钾的质量 =1：1~4：1），搅拌溶解后停止搅拌。

3. 将上述体系室温静置存放一定时间后，液体表面漂浮有倒立的空心金字塔型晶体。

4. 延长该体系的放置时间，能得到更大尺寸的空心金字塔型晶体。

上述热的氯化钠水溶液中加入硫酸铝钾晶粒质量为：氯化钠的质量：硫酸铝钾的质量 = 4：1 最佳。2：1 时平均晶体棱长约为 1.2cm，3：1 平均晶体棱长约为 2.5cm，4：1 平均晶体棱长约为 3cm，5：1 平均晶体棱长 2.4cm。上述热的溶液体系室温静置存放的时间至少为 2 天。

学生在经过 10 分钟的实验操作培训后，利用大约 30 分钟可以完成实验。但是晶体的结晶和长大需要一定的时间，建议本实验在实验室进行。或者学生学会操作后，可以在家实验，更有利于学生对于实验现象的观察。

项目设计亮点：

国内外已有个别公司开发晶体培养相关的玩具产品，目前市面上所见到的只是单一物质的结晶，形貌单一，作为一种寓教于乐的工具不足以吸引大龄玩家。本项目积极开发具有更多晶体形貌和功能的相关产品，特殊的晶体结构和外形将大大提高该类玩具产品的观赏性，也将丰富整个学习过程。目前基于本技术开发的"金字塔"牌晶体玩具 (Pyramid Crystal Toy) 系列产品正处在筹备阶段，即将投放市场。

项目已开展活动的情况及效果

本项研究工作已申报国家专利，2011 年 4 月 26 日收到授予发明专利权通知书。并首次作为学生在十五中高中部开设并讲授选修课《晶体生长科学与技术》，完成了课程设计及课件编写工作，课程包括理论知识讲解和实验课，开展顺利。

参考资料：

[1] 洪广言. 无机固体化学（中国科学院研究生教学丛书）[M]. 科学出版社，2002.58～136.

[2] 邓存，刘怡春. 结构化学 [M].1989.308～313.

[3] 华东师范大学等. 物质化学 [M].477～504.

[4] 李宗和. 结构化学 [M]. 北京：高等教育出版社，2001.277～306.

[5] 闵乃本. 实际晶体的生长机制 [J]. 人工晶体学报.1992 (3).

[6] 冯世宏，贾太轩，杜慧玲，许之亮. 晶体生长机理的研究进展 [J]. 有色矿冶.2004(5).

[7] 燕翔，杨泽望. 制备明矾沉底单晶的实验探究及工艺品制作 [J]. 甘肃高师学报.2006(5).

利用塑料吸管和皮筋制作正四面体

闫宗辰 孙　可

设计基本思路与意图：

本设计以制作简单实用的正四面体为主要内容。取材于日常身边常见的塑料吸管、橡皮筋，用它们来设计、搭建一些立体几何体，以帮助人们建立立体几何的空间感，以利于数学的学习和空间想象力。不仅简单实用、降低成本，而且低碳环保。

科学原理：

受力平衡原理和三角形稳定结构原理。

制作过程：

制作材料：

若干吸管和橡皮筋，一把尺子，一把剪刀（图1）。

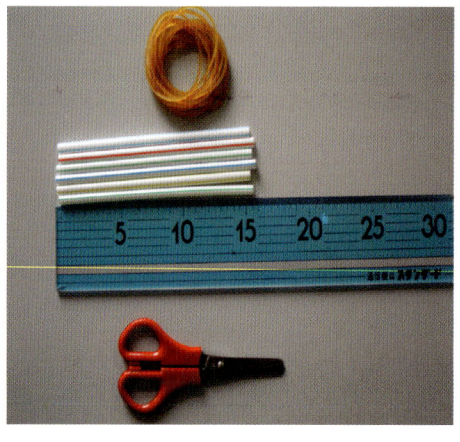

图1

制作步骤：

测量出每根皮筋的长度，周长大约为 16 厘米（图 2）。

图 2

因为正四面体每个面都是正三角形，所以要把每根吸管平均分成 3 份，每份大约长为 5.5 厘米（图 3）。

图 3

将截好的吸管沿直线剪开（图 4）。

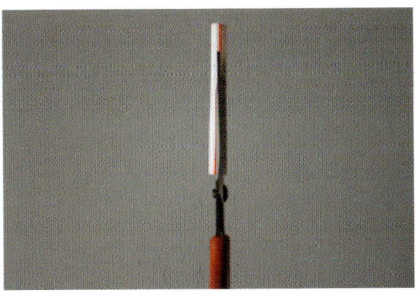

图 4

将剪开的 3 个吸管套在一条橡皮筋上，组成一个正三角形（图 5-1，图 5-2）。

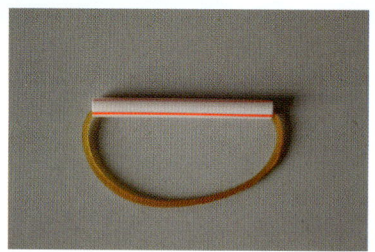

图 5-1

图 5-2

以做好的正三角形为基础,再将一条橡皮筋放入这个正三角形的任意边长内(图6)。

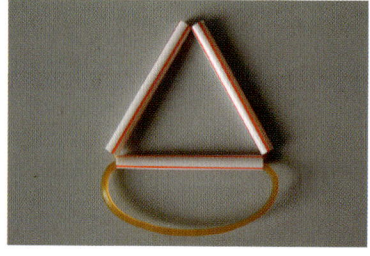

图 6

用与第四步相同的方法做出正四面体的第二个面(图7)。

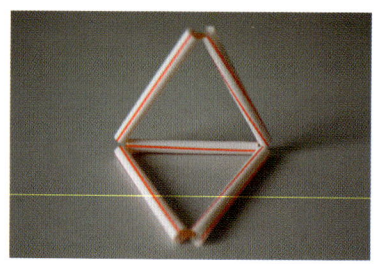

图 7

用与第五步相同的方法就做出了一个标准的正四面体(图8)。

图 8

成果形式（图 9）：

图 9

参考资料：

《日本 2004 年全国青少年科学实验节资料》

DNA 艺术链的制作

北京市宣武青少年科技馆　杨海燕

一、设计意图与基本思路

根据"动手做"的教学思路,让学生亲自动手来制作 DNA 分子结构模型。学生在感受制作乐趣的同时,轻松地接受 DNA 分子的知识内容,有助于学生对 DNA 分子结构的认知,培养其对生物学习的兴趣。

对制作 DNA 分子模型的材料进行改进,并与艺术性相结合,使其观赏性和实用性都有所提高。

二、科学原理

DNA 结构的特点在于它是由脱氧核糖和磷酸基通过酯键交替连接而成。主链有两条,它们似"麻花状"绕一共同轴心以右手方向盘旋,相互平行而走向相反形成双螺旋构型。主链处于螺旋的外侧,这正好解释了由糖和磷酸构成的主链的亲水性。所谓双螺旋就是针对两条主链的形状而言的。碱基位于螺旋的内则,它们以垂直于螺旋轴的取向通过糖苷键与主链糖基相连。同一平面的碱基在两条主链间形成碱基对。配对碱基总是 A 与 T 和 G 与 C。

根据这样的结构特点,DNA 艺术链的设计上:

a. 用四种颜色的空心管分别代表四种不同的碱基;

b. 以两种大小不同、颜色不同的珠子分别代表五碳糖和磷酸分子。

c. 学生动手利用铜丝来编制 DNA 分子模型,并经过扭曲旋转得到双螺旋结构。

遵循 DNA 双螺旋结构的特点,学生在动手制作的过程中深刻体会和应用碱基互补配对原则的相关知识。

三、制作材料

1 根 70cm 长的细铜丝

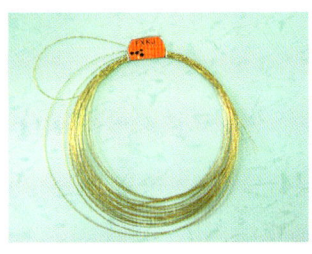

红、白两种颜色的小米粒珠

五碳糖

磷酸分子

四种颜色的空心小管

粉
腺嘌呤

蓝
胸腺嘧啶

黄
鸟嘌呤

绿
胞嘧啶

四、制作过程

根据碱基互补配对原则进行碱基对的搭配：

即腺嘌呤（A）与胸腺嘧啶（T）相配对；鸟嘌呤（G）与胞嘧啶（C）相配对。

步骤一：

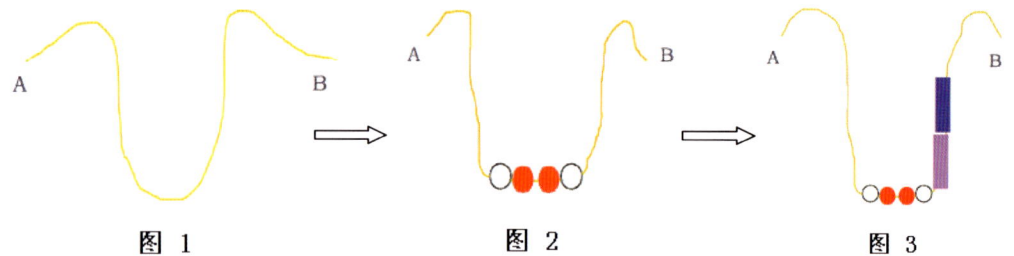

图1　　　　　　　图2　　　　　　　图3

如图1，取约70cm长的细铜丝，在它的中心处轻轻弯一下。

如图2，将四粒珠子按白、红、红、白的颜色顺序穿入细铜丝中。

如图3，将粉、蓝色（或黄、绿色）的空心管穿入细铜丝的B端。

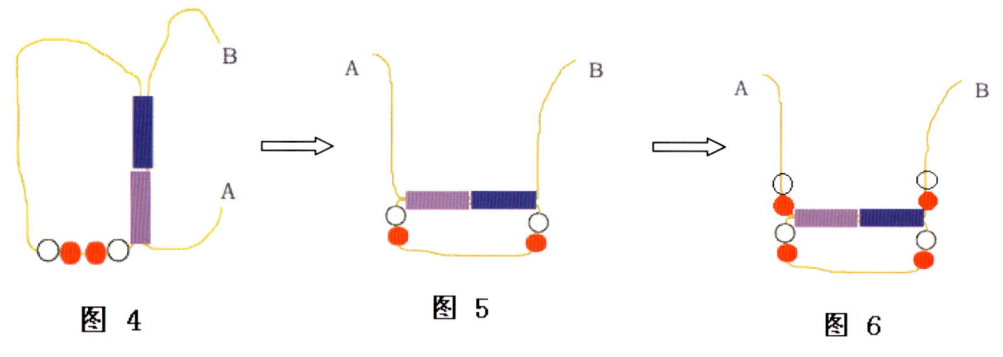

图4　　　　　　　图5　　　　　　　图6

如图4，将细铜丝的A端穿过两根空心管。

如图5，将A、B两端拉紧，注意保持A、B两端等长。

如图6，分别向A、B两端按红、白颜色的顺序穿入两粒珠子。

步骤二：

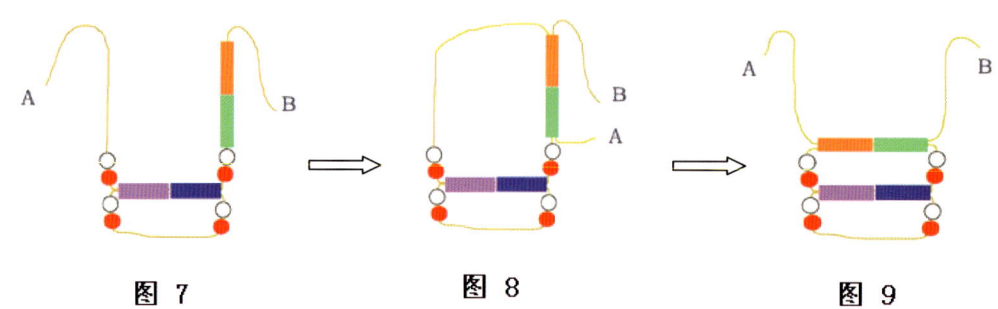

图7　　　　　　　图8　　　　　　　图9

如图7，在B端穿入绿、黄色(或粉、蓝色)的空心管各一根。

如图8，将细铜丝的A端穿过两根空心管。

如图9，将A、B两端拉紧，注意保持A、B两端等长。

步骤三：

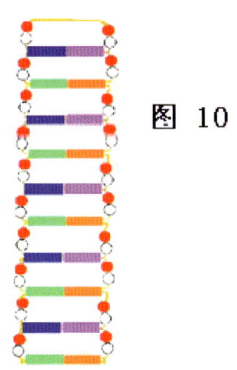

图 10

重复图 3～图 8 的操作，
注意颜色的搭配。

步骤四：

捏住做好的 DNA 链的两端，轻轻的向反方向旋转，即可做好 DNA 的双螺旋结构。

五、相关知识介绍

（1）基因是什么？

基因就是生物的遗传信息，每个基因都有自己的意义。每种生物的所有基因构成了它的基因组，包含了这种生物的所有遗传信息，控制着它的生物性状和生命活动。

（2）基因记载在哪里？

基因有自己的载体，那就是 DNA（脱氧核糖核酸）和 RNA（核糖核酸）。绝大多数生物的遗传信息存储在 DNA 上，也有少数生物的遗传信息存储在 RNA 上。

（3）DNA 如何记载基因？

DNA 长链上有千千万万个碱基，这些碱基以一定的顺序排列，表述了各种遗传信息。纷繁复杂的遗传信息好比生命的天书，而写就这本天书的仅仅只有四个字母——A、T、C、G，它们代表了四种碱基。

每三个字母组成一个"单词"，由许多"单词"排列成的有意义的"句子"就是基因。一种生物的所有基因就是一部生命天书，它包含着控制这种生物性状和生命活动的所有遗传信息。

（4）DNA是什么样子的？

1953年，科学家沃森和克里克发现了DNA是一个双螺旋结构的。它就像一个旋转的楼梯。糖类与磷酸分子相连构成这个"楼梯"骨架，而A、T、C、G四种不同的碱基，两两对应，构成了"楼梯"的梯级。不过，这四种碱基之间可不是随意组合的，而是A与T，C与G互为好朋友的，我们把这种搭配的原则称为碱基互补配对原则。

（5）基因如何代代相传？

就像书本可以复印一样，DNA也可以复制，后代DNA保留着前代DNA上记载的所有基因。通过复制，DNA忠实地传递着生物的遗传信息。在生命体内，根据不同的基因，经过一系列复杂的生物化学变化，可以合成不同的蛋白质，从而使不同的生物表达出不同的性状来。

六、使用情况及效果

使用情况

该项目已经应用于2007年北京宣武区青少年科技博览会、北京市科技教育成果展、宣武区各中小学校的科普活动中使用，在广大中小学生中进行了传播。绝大多数学生对该项目产生了浓厚的兴趣。

该项目在2008年4月青年科技教师动手活动项目创新能力培训班上进行展示，得到参加培训的教师们的一致好评。

效果

● 一名刚刚上小学的小同学，通过自己的努力，花费了40分钟制作了一个DNA艺术链后，发出感慨："原来DNA就是这个样子啊，她就像一个螺旋型的梯子。"

● 有一些初中学生，正好生物课正讲到了DNA的结构，她们通过这次DNA艺术链制作的活动，发表感想说："我正在发愁怎么记忆DNA的这些知识，这下好了，我要将它挂在笔袋上，只要一看到它，我就会想起双螺旋、想起碱基互补配对原则。"

● 有一些从事科技教育的教师，通过我们的介绍，纷纷表示这个项目非常好，在教学中很实用，目前已经有一些教师将它应用到了教学之中。

七、项目亮点

该项目解决了已有的 DNA 分子模型体积大和不易保存的问题。

该项目选取简单的材料与艺术相结合,成为一个以 DNA 知识为载体的艺术品,可以作为一个钥匙链、手机链,便于携带。

该项目突出学生动手制作,可以作为一项学生动手做的 DIY 活动。

八、参考资料

人教版《高中生物》第二册

2006 年日本全国青少年科技节科学实验集

一张A4纸折出的圆筒式滑翔器

孙 可 闫宗辰

设计思路与意图：

折纸飞机是一项深受广大中小学生喜爱的航模动手实践活动，这项活动制作材料简单、容易上手、运动性强、好玩，对中小学生具有很强的吸引力。但在我国能见到的折纸飞机几乎都是有翼飞行器。在这里介绍一个无翼的，且超出我们平时想象的一种飞行器——圆柱形滑翔器，以拓宽中小学生的思路，提高想象力。通过制作、飞行，让学生感受一种新意，与我们平时的纸飞机形成对比，开阔思路，有益于培养学生的探究、创新意识。

资料的来源：

这个"圆柱滑翔机"来自于2006年（北京）"第三届亚太经合组织青年科技节"一个外国青少年的科技实践，但发明者没有介绍这个圆柱滑翔机的折纸方法，却十分详细地介绍了这个圆柱滑翔机的飞行特点的研究，充分体现了这个国外青少年的科学探索精神。

一般的折纸飞机都是折成有机翼、尾翼类似飞机的模型样，很少有其他样式，鲜见无机翼、尾翼的模型。这个奇特的折纸圆柱形滑翔器非常具有想象力，使人眼前一亮。首先它是一个圆筒形，没有了平面造型；它也没有了我们司空见惯的机翼、尾翼，却有大家熟悉的完美的"流线型"尾翼。发明者把这类纸飞机定义为"圆柱滑翔机"。它完全不同于我们平时做的那种各式各样的有机翼、有尾翼的纸模型飞机。

如左图所示，这架纸飞行器非常有想象力，它没有我们司空见惯的机翼、机尾，却有我们熟悉的流线型尾翼。原作者定义这类纸飞机为圆柱滑翔机。在这份资料中还详细地叙述了圆柱滑翔机的实验方法，作者用摄象机记录了它的飞行录像，从而得到它飞行路线和即时速度，并对圆柱滑翔机的飞行过程及原理进行了科学的探究，并完成了一份研究报告。

图1　原作中的圆柱滑翔机

据作者介绍，圆柱滑翔机同普通折纸飞机相比，有着很长的飞行距离，能够达到普通纸飞机的2.5倍。很可惜的是原资料中只有一张普通的照片，没有具体的制作方法说明。根据图片及一张A4纸的特点，找到了一种较为合理的方法，复制出了这个圆柱滑翔机。

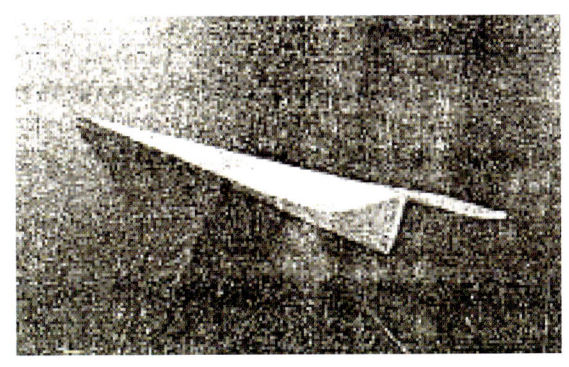

图2　原作中的普通纸飞行器

制作说明：

步骤1：首先准备一张A4大小的普通打印纸

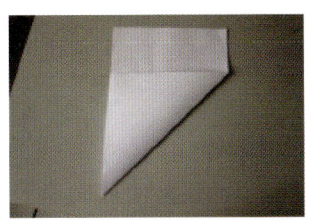

步骤2：将纸一角提起向另一边折成三角形

步骤3：裁去没有重合的部分，得到正方形。

步骤4：将正方形一角向中心点对折

步骤5：沿步骤4对折方向再次对折

步骤6：与步骤5类似，再次对折

步骤7：再次对折，直到整个纸张成为一个三角形，此三角形斜边与正方形对角线长度相等

步骤8：将三角形两底边提起，将一角插入另一角中

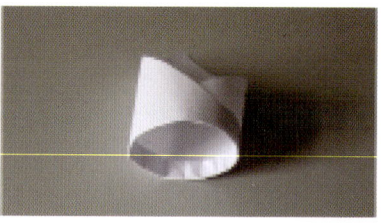

步骤9：完成整个制作。

实验说明：

实验 1　飞行实验：可以在室内、室外进行；若在楼上，从窗户掷出，飞行效果更好。

实验 2　观察：这个圆柱飞行器在飞行上，有自己独特的飞行轨迹。应该仔细地观察，并给以记录；要多次观察进行比较、归纳。

实验 3　将圆柱滑翔机和普通折纸飞机进行飞行对比实验。如：进行飞行距离的对比，各进行 10 次飞行，取它们的平均值，看一看谁飞行的距离远。下面是一个实验的记录，供参考：圆柱滑翔机可以达到 7.3 米，而普通纸飞机的平均飞行距离是 2.8 米。圆柱滑翔机的飞行距离是普通纸飞机的近 3 倍。

图 4　圆柱滑翔机

图 5　用于对比实验的普通折纸飞机

项目亮点：

引进的这个项目，首先在造型上是十分罕见的，给人眼前一亮，启发性强，制作有特点；其次，在于它的科学实验性强，有内容，有较强的启示作用：我们的模型活动不要停留在制作、飞行操作，也要学习进行科学探究。

实施情况及效果:

目前已在部分小学、宣武科技馆进行一些尝试性活动。

已在《中小学生创新》杂志 2010 年第四期上发表,详细介绍了这个项目的内容。

最后,希望各位读者也能尝试制作一架独特的圆柱滑翔机,体验它优美的飞行路线,感受奇特的飞行姿态,同时也希望您能够继续深入探索,这架圆柱滑翔机是否还有其他的折法?能否尝试去设计其他造型的圆柱滑翔机?

四 科技小制作、小实验

神奇的罐子

北京第六十三中学 计广州 袁 峥

设计思路与意图：

本着从身边找科学，从身边找材料，节能减排的理念。借助学生身边触手可及的材料，让学生体会身边的物理。我们设计了一个不消耗能源的罐子，能自动从低处往高处爬的罐子。在制作和游戏的过程中，激发学生对科学的兴趣、好奇心，锻炼动手能力，体验科学原理。

科学原理：

所涉及的物理知识是：小桶从斜面顶端滚下过程中，小桶的重力势能转化为动能，小桶滚动的速度加快；此过程中小桶内的橡皮筋不停地翻转，裹紧重物，使得橡皮筋的弹性势能增加，当动能全部转换为弹性势能时，小桶静止。而后橡皮筋的弹性势能会自发释放，再次转换为动能，此时静止的小桶会向反向运动，爬上斜面；此过程中弹性势能释放为动能及重力势能。以上过程会重复进行，我们会看到小桶从斜面滚下后静止，而后自动爬回斜面，往复运动。

所需器材：

茶叶桶、曲别针、橡皮筋、胶条、 小铁块或小重物。

辅助器材：斜面、锥子。

制作实验过程：

1. 将橡皮筋与重物缠绕在一起，并用胶条裹紧，留出两端备用。

2. 在茶叶桶两端用锥子在中心位置各打一个洞。

3. 用刚刚备出的橡皮筋从桶内把两端从刚刚扎好的两个洞中穿出，并在外部用曲别针将橡皮筋的两个头固定紧。

本项目的亮点：

贴近学生生活，物品随处可找，锻炼学生动手能力，容易引发学生探索欲望，将复杂的物理问题简单化，使学生可以亲身感受到。

使用情况及效果：

使用方便，不需要特殊场地特殊条件，方便携带，效果明现，有保存价值且容易保存。

奇妙的声音

北京白纸坊小学　梁亚明

设计基本思路与意图：

在影视作品中有各种各样的声音，例如雷声、雨声、枪声等等。这些声音并不是真实的声音，是通过拟音师制作出来的。为什么拟音师可以制造声音呢？

让我们开始声音模仿秀，一起探寻如何使用身边的物品产生需要的声音。这需要你的一些想象力和创造力。你使用的东西为什么能够发出声音呢？让我们通过实验来找到答案吧。

一、声音模仿秀

用具：木块、打印纸、木梳子、金属罐、塑料布、钉子、薄铁片、豆子、瓶盖、木棒、布块、鞋带、自动笔。

活动过程：利用提供的用具，将雷声、雨点声、在地板上行走声、开灯声等声音模仿出来。还可以利用这些工具模仿出什么声音记录在活动记录中。

成果形式：活动记录。

二、设计酒杯和吸管的"歌"

●**实验**：让酒杯唱出"海豚音"

用 具：红酒酒杯、清水、垫布

1. 请你让酒杯发出声音。

2. 你能用摩擦的方法让酒杯响起来吗？让我告诉你一个有趣的方法吧：

(1)向空酒杯中倒一些清水。

(2) Wet the index or middle finger of your other hand with some water. 用一只手压住酒杯的底托。

(3)另一只手中指沾一点清水。

(4)用湿手指 Lightly rub your wet finger along the rim of the glass. 沿着酒杯边缘以适当的压力与速度回旋摩擦。

● 制作：吸管哨响起来

用具准备：有独立包装的吸管、剪刀

制作过程：

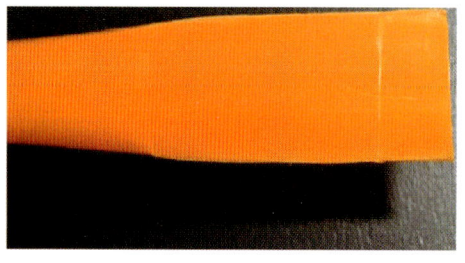

步骤一：

利用剪刀将吸管一端（离口 3-4 厘米长的地方）刮扁。

步骤二：

用剪刀将压扁的吸管口剪成三角状。

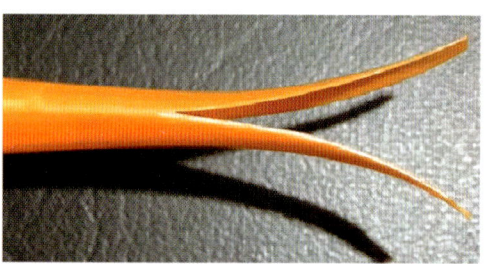

步骤三：

将三角部分再刮成鸭舌状。

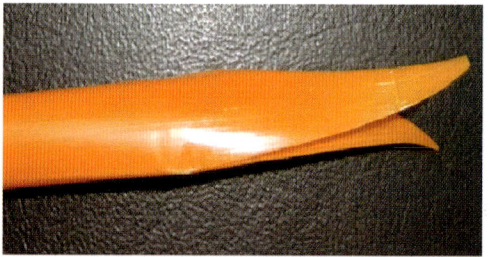

步骤四：

含住吸管的"舌口"吹气。如果不出声将舌口再剪长一些。

注意：为了保证个人卫生可以用门齿代替剪刀刃压住吸管刮扁吸管口。

活动记录表：

模仿声音的方法			
学校：		姓名：	
在地板上行走声	例如：用盒盖在木板上按照步伐节奏扣击	开、关灯声	
雷声		雨点声	
飞鸟扇动翅膀声		甩鞭子声	

产生声音的实验			
弄响酒杯的方法：		吸管响起来的方法：	
摩擦酒杯时的现象：		吹响吸管哨时的现象：	
总结：声音怎样产生的？			

继续实验：

1. 在酒杯里倒上不一样多的水可以改变声音的高低。

我们试一试：

如果是相同的酒杯中放上同样（重量）的水那么声音相同，不同的酒杯或装上重量不同的水，那么声音会变化。

四、科技小制作、小实验

105

同一个酒杯中的水不超过酒杯最宽处时，摩擦出来的声音与空酒杯发出的音调没有明显变化。但是，酒杯中的水超过酒杯最宽处时，声音就发生了变化，水越接近杯口声音越低沉。

2. 根据酒杯实验，你能推测同种材质且同样粗的吸管发出哨声的变化会是什么规律？试一试吧。

控制"海豚音"高低的方法： （可以把水的位置画在图中）		控制哨声高低的方法： （可以把减少的位置画在图中）	

让酒杯、吸管唱起歌：分别调试好七个酒杯、七根吸管，也能让它们唱起歌来。

科学原理：

从物理学中我们知道，任何一个振动系统，总是存在着一定的固有频率，如果外加的周期性策动力的频率正好等于固有频率或等于它的倍数或某一分数，就会产生共振现象，这时振幅最大。酒杯会随着摩擦而产生振动。当摩擦力引起的震动的频率和酒杯壁的固有频率相等或相近时，酒杯壁产生共振，振动幅度急剧增大。但由于杯底的限制，使它所产生的波动不能向外传播，于是在杯壁上入射波与反射波相互叠加而形成驻波。

吹吸管哨时，气流从吸管内快速流过，吸管里的空气振动起来。吸管哨的"舌口"随气流的流动也会振动起来。两者同时振动哨子就会响起来。

本项目的亮点

此项目用简单的方法让参与者体验到声音的产生与振动的关系。形式比较新颖能吸引参与者的眼球。

使用情况及效果：

此项目在本校 2008 年科技博览会中进行展示，吸引了广大学生参与。学生们感到摩擦酒杯也能让酒杯"唱歌"感到很新奇，此项目获得创新项目奖。

参考资料：

《新概念物理教程：力学》　赵凯华、罗蔚茵　　高等教育出版社　1995

《摩擦"鱼洗"可产生不同的水面花纹》　　兴华科学教育网

《鱼洗的探究》　　张运科的博客

小小电磁炮

北京师范大学附属中学　张跃华

设计思路与意图：

带电导体可以在磁场中受到力的作用而运动,这是物理电磁学中的电磁现象,被称为左手定则。是电动机所依据的基本原理。利用这一原理可以研制电磁炮,最新研究成果表明,电磁炮炮弹的速度可以达到每秒4公里以上,远远大于传统火炮炮弹的速度。我们也可以根据这一物理原理,利用身边的材料自己动手做一个小小的电磁炮。它的速度很小,很安全。通过制作小小电磁炮还可以培养物理学习兴趣;提高动手实践能力。

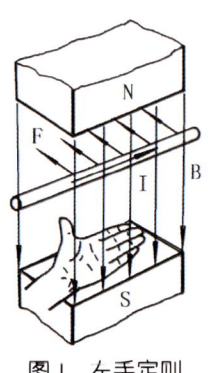

图1　左手定则

科学原理：

物理电磁学的左手定则(见图1)：左手平展,使大拇指与其余四指垂直,并且都跟手掌在一个平面内。把左手放入磁场中,让磁感线垂直穿入手心(手心对准N极,手背对准S极,四指指向电流I的方向(即正电荷运动的方向)),则拇指的方向就是导体受力F的方向。

制作过程：

一、准备材料：

序号	名称	材料	规格	数量
1	基座	松木	150mm×60mm×20mm	1

序号	名称	材料	规格	数量
2	导轨	铜丝	长 140mm	2
3	磁铁	稀土材料	直径 20mm	1
4	"炮弹"	铜丝	25mm	1
5	电池、电池夹	塑料夹	五号电池两节	1

二、制作步骤：

第一步：见图2，基本材料准备。

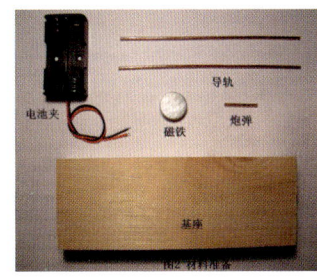

第二步：如图3，在基座的适当的地方用小刀挖一个大小能放入磁铁的圆坑。

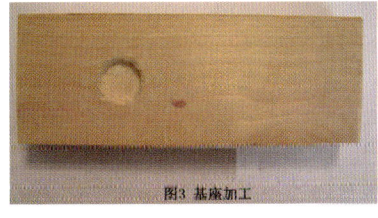
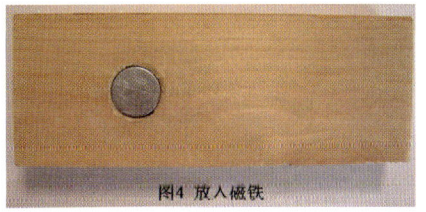

第三步：如图4，将磁铁放入圆坑内，磁铁上表面要略低于基座表面。

第四步：如图5，将导轨两端各弯15毫米。

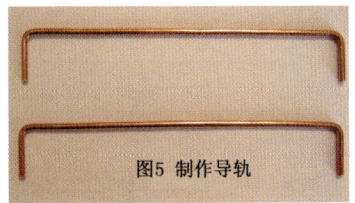
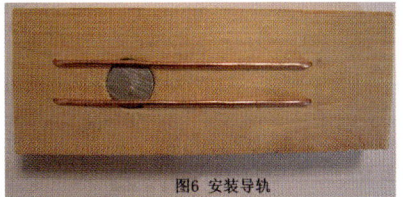

第五步：如图6，将导轨固定在基座上。

第六步：如图7，将电池夹的导线与两个导轨相连，将"炮弹"放在磁铁上方。制作完成。

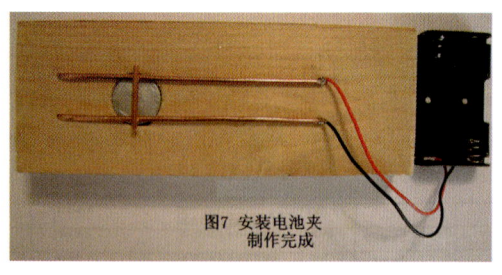
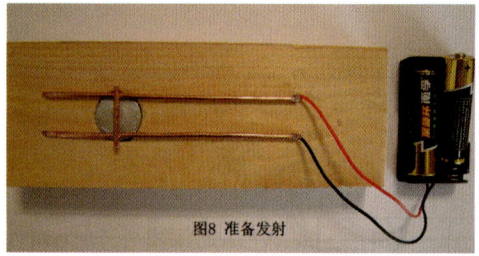

图7 安装电池夹 制作完成　　　　图8 准备发射

三、实验观察：

如图8，将"炮弹"如图放好，将电池放入电池夹内，当接通电流的同时"炮弹"沿导轨发射出去，如果要改变"炮弹"发射的方向，可将电池夹与导轨连接的导线对掉。如果想让"炮弹"发射得更远，可增加磁铁数量或电池数量。

本项目的亮点：

本小制作是物理教学中一个重要实验，其亮点在于将高中物理中的电磁学部分中的实验，利用身边的常见材料通过动手操作来完成，解除了物理的神秘感，培养学习兴趣。

参考资料：

《电磁学》 赵凯华 陈熙谋 编　　高等学校试用教材

不可思议的平衡

——小制作《会表演平衡的小丑》、《会在指尖飘浮的蝴蝶》

北京市第十四中学　董文燕

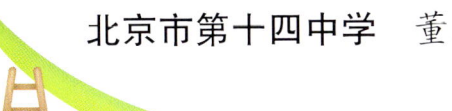

设计基本思路与意图

在学生的日常活动中经常会遇到许许多多的平衡现象，有些不可思议，让学生惊叹，最有代表性的就是高空走钢丝和骑自行车表演。在游乐园中骑高架轨道上的自行车是大多数学生亲历过的，从上去之前的忐忑不安，到刚登上去时的屏住呼吸心跳加快，再到慢慢心态平缓恢复常态，最后的潇洒自如得意洋洋，接下来的兴奋不已。这一系列心态变化过程的回忆能引发学生对物体平衡现象极大的好奇心，我们以此为切入点，通过两个简单的小制作，拓宽视野，解密身边常见的、复杂多变的平衡现象，激发学生对身边物理现象的兴趣与求知欲。培养观察能力，发现问题解决问题能力，动手能力与创新能力。

科学原理

物体的稳度是指其处于平衡状态时的稳定程度，稳度的大小由物体重心的高度和支持面的大小决定。重心越低，支持面越大的物体稳度越大，反之则越小。为了增大物体的稳度，既可以增大底面积，也可以降低重心的高度，还可以采用同时增大底面积和降低重心高度的方法。对于已经成型的物体设法降低其重心的高度是最简捷的方法。物体重心的位置除跟形状有关外，还跟质量分布有关，那么我们可以将物体的大部分质量集中到其下部，这样重心就向下移了，物体的稳度就大大增加了。

制作过程

制作材料： 白纸、硬纸板15cm×18cm2张、扣子（或塑料片、金属片）直径2~3cm2个、胶水（或胶棒）、双面胶带、彩笔（美化作品）、剪刀。

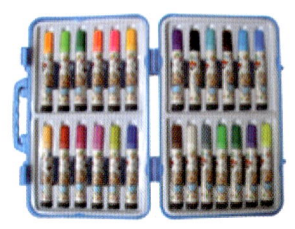  

制作前的分析

重心的位置是使物体保持平衡的重要因素，人为制造物体质量分布不均匀是使重心位置改变达到满足平衡的必要条件。本次活动的中心议题就是如何改变重心位置，使物体保持平衡。

小制作1：会在指尖飘浮的蝴蝶

制作步骤：

1. 用白纸按照图上的样子，画一只蝴蝶，用胶棒贴在硬纸板上，再沿轮廓剪下，一式两份。

2. 在其中一只蝴蝶的背面（硬纸板一面），两只翅膀的前端用双面胶分别粘上一枚扣子（如右图）。

3. 将两只蝴蝶上下对齐，把扣子藏在里面，粘在一起。最后用彩笔把蝴蝶装点起来！

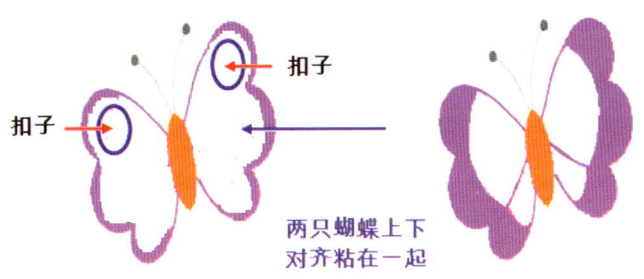

思考：如果蝴蝶不能停在指尖，如何调整蝴蝶的重心使其平衡？

提示：把蝴蝶的头部放在你的手指尖上，如果蝴蝶向前倾斜或翻倒，说明重心靠前，扣子应向蝴蝶的尾部移动（如下左图），如果蝴蝶向后倾斜或翻倒，说明重心靠后，扣子应向蝴蝶的头部移动（如下中图）。

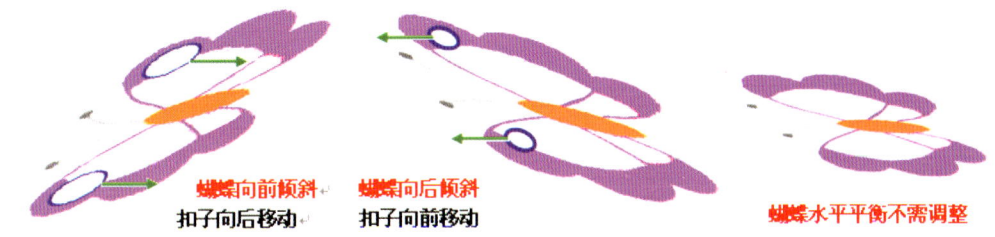

这时，再把蝴蝶的头部放在你的手指尖上，或者放在桌角、铅笔尖上，轻轻晃动，蝴蝶像被粘住一样，会稳稳地停在那里，似乎在空中翩翩起舞。

小制作2：会表演平衡的小丑

制作步骤：

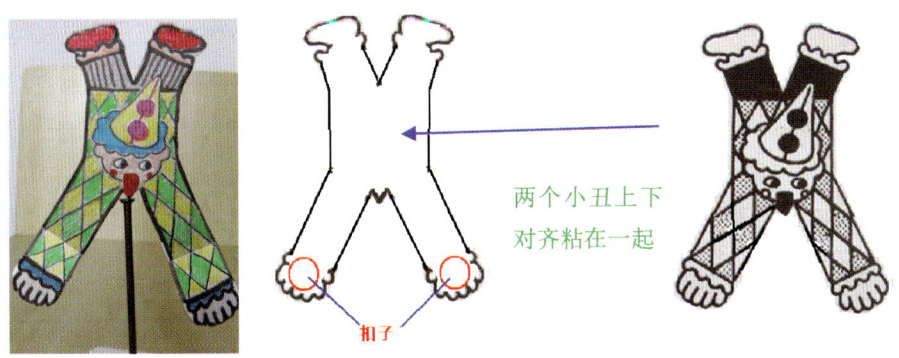

1. 按图把小丑描在白纸上，用胶棒粘在硬纸板上，再沿轮廓剪下，一式两份。

2. 用双面胶把两枚扣子分别粘在其中一只小丑的两只手掌上（如上中图）。

3.将两只小丑上下对齐粘在一起，小丑的两面都用彩笔进行装饰。

思考： 如果小丑不能倒立如何调整？

提示： 我们可以将小丑的手臂加长或者在小丑的两只手掌上分别再粘一枚扣子，如图。

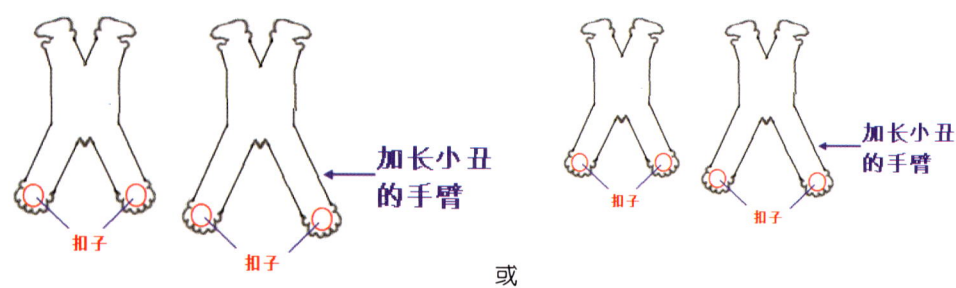

于是，我们可爱的小丑就可以在手指上、铅笔尖上，或者在一根线绳上表演平衡技巧了。

本项目的亮点

取材容易、形象生动、有趣简单、寓意深刻、手脑结合。

使用情况及效果：

本课题几年来作为研究性学习的保留题材一直使用，效果俱佳。学生对此有极大的兴趣，小制作的成功不仅使学生了解了物体平衡的基本原理，最重要的是成功的满足感能引发学生对身边常见物理现象的求知欲，慢慢地不再对它们熟视无睹，会多问多想，期望找出其中的科学道理。

参考资料：

http://paper.ccppg.com.cn/zgetb/html/2009-05/18/content_4602.htm

http://baike.baidu.com/view/823601.htm

漂白蘑菇检测

北京香厂路小学 刘 阳 王 磊

设计基本思路与意图：

由于目前市场上部分商贩为了蘑菇外形好看，用漂白粉漂白蘑菇，如果误食了被漂白的蘑菇会对人体造成伤害，为此设计了一个在家中简单易行的鉴别蘑菇是否被漂白的实验。

小檗碱，又称黄连素，是一种家庭常用药。白醋则是家中常见的调味品。利用小檗碱的酸性水溶液中加入漂白粉溶液由黄色转变为红色这一实验现象。用两种家中常见的物品就能简单地测定蘑菇是否被漂白。既能丰富学生的知识，提高学生的动手操作能力，又有一定的实用性。

科学原理：

在小檗碱的酸性水溶液中加入适量漂白粉（或通入氯气），小檗碱水溶液由黄色转变为红色。这是医学中定性检验小檗碱的一种试验方法。在此设计中逆向运用小檗碱去检测漂白粉同样能出现相同的实验现象。

实验材料：

黄连素（小檗碱）片、白醋、研碎棒及小盒、实验用小碗两个、搅拌棒

制作实验过程：

1. 将黄连素（小檗碱）片研碎，放入碗中。

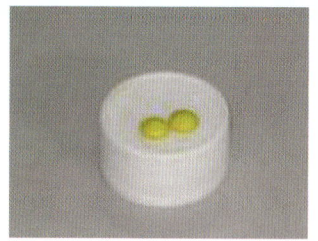

黄连素（小檗碱）

将黄连素研碎

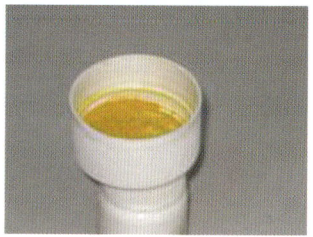

研碎的黄连素

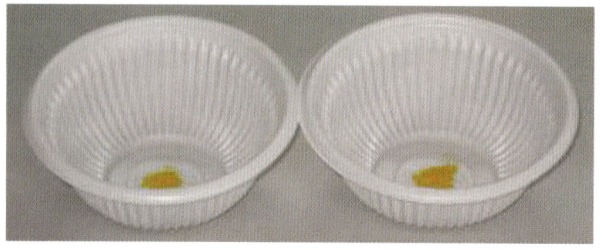

将研磨好的黄连素分别装入碗中

2. 向碗中加入一定量的白醋，搅拌让研碎的黄连素充分溶解，同时使溶液呈酸性。

白醋

将白醋倒入碗中

搅拌使黄连素粉末溶解

黄连素充分溶解后得到实验用溶液

3. 将待测蘑菇浸泡在溶液中，观察溶液的颜色变化。如果溶液变成红色，则说明蘑菇是由漂白粉漂白过的。

将待测蘑菇浸泡到实验溶液中

溶液变红蘑菇被漂白过

没有变化蘑菇没有被漂白过

实验对比效果

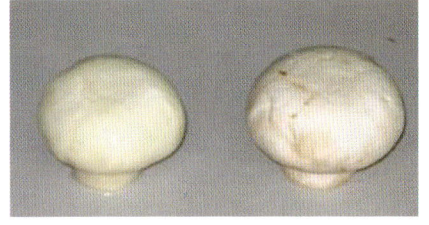

漂白过的蘑菇（左）与未漂白蘑菇的比较

成果形式：实验报告

本项目的亮点

1. 贴近生活、实用性较强。

2. 在给学生介绍实验原理，引出逆向思维的概念培养学生从不同角度和方向思考问题的能力。

参考资料：

《天然药物化学》 杨宏健 科学出版社

《中药化学》 王峥涛 上海科学技术出版社

《无机化学》 周晓莉 化学工业出版社

变色脸谱知晴雨

北京市第六十六中学　祝　晶

设计基本思路与意图：

化学是一门实验科学，在实验现象中颜色的变化是最直观、最吸引人的，同时也是化学教学中的重点内容。本项目以此为依据，利用氯化钴结晶水不同颜色不同的变色原理，制作脸谱，由此得知空气中水分多少推测是否下雨。用简单的颜色变化联系空气的湿度，进而预测晴雨，不仅使学生充分体会到化学在生活中的实际应用，同时激发学生学习化学的兴趣。

科学原理：

$CoCl_2$ 呈蓝色，$CoCl_2 \cdot H_2O$ 呈蓝紫色，$CoCl_2 \cdot 2H_2O$ 呈紫红色，$CoCl_2 \cdot 6H_2O$ 呈粉红色。氯化钴在室温下较稳定，遇热变成蓝色，在潮湿空气中又变成红色。

制作过程：

制作材料：

六水合氯化钴、乳白胶、石膏脸谱、毛笔、画笔

制作步骤：

取一定量六水合氯化钴溶解在少量的水中，待固体溶解后，加入乳白胶，充分搅拌后备用。

用毛笔蘸取(1)中液体，均匀地涂在脸谱上，得到样品如图1。

等待脸谱干燥后，如图2，根据自己的喜好涂上颜色，形成美丽的可变色脸谱，如图3，放置在潮湿的空气中变色为图4。

图1　　　　　　　　　图2　　　　　　　　　图3

图4　　　　　　　　空气干燥　　　　　　空气湿润

项目设计亮点

借助于化学知识为依据，以体现了中国传统的脸谱为载体，制作出在实际生活中有实际作用的"变色脸谱"，既体现了化学知识的价值，也使学生感受到学以致用的乐趣。

四、科技小制作、小实验

悬浮的小西红柿

北京福州馆小学　王　平

设计基本思路与意图：

通过活动学生体验不同浓度的液体，对小西红柿沉浮的影响，调制能使小西红柿快速悬浮的液体，可以使学生看到只有在液体中溶解足够多的、适量的物质时，小西红柿才能悬浮在大塑料瓶的中部，渗透改变液体浓度会影响物体沉浮的科学概念。

科学原理：

围绕液体的浓度影响物体的沉浮这一现象展开，让学生在实验活动中，充分体会液体的浓度影响物体沉浮这一科学现象的存在。

实验过程：

（一）实验器材：小西红柿、盐、水、烧杯、水槽、大塑料瓶、药匙。

（二）实验步骤：把小西红柿放在水中，小西红柿在水中是下沉的，借助桌上提供的器材，使小西红柿快速悬浮在大塑料瓶的中部，看谁能使小西红柿快速稳定地悬浮在两线之间。

实验前

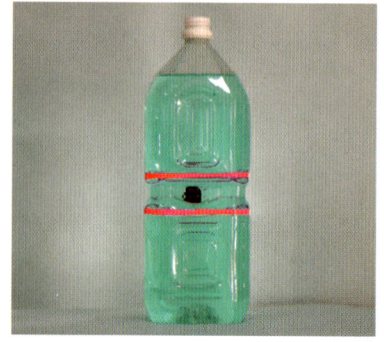

实验后

也可选择葡萄、鹌鹑蛋、乒乓球等物体进行实验，把小西红柿换成鹌鹑蛋来进行实验，学生会发现，不同的物体悬浮时，所需加入的食盐量不同。学生如果选择了乒乓球作为实验物，就会发现无论怎样做完整的乒乓球都无法悬浮在瓶子的中部，从而进一步思考原因，激发学生进一步进行探究的兴趣。

项目设计亮点：

通过活动，学生不仅了解了物体沉浮与物体有关，而且认识到物体的沉浮还与物体所浸入的液体有关，只有足够浓度的液体才能让物体浮起，认识到物体沉浮的另一个决定因素是液体的浓度。

项目已开展活动的情况：

学生通过实验活动，大多数能配置出有一定浓度的盐水，准确地使小西红柿悬浮在大塑料瓶中部，通过活动能使学生体会到改变液体密度会影响物体沉浮的科学道理。通过做完整的乒乓球无法悬浮在瓶子中部的实验，引起学生对实验物体密度会影响物体沉浮的关注，进一步引发学生对物体密度影响物体沉浮实验的更多的思考。

参考资料：

科学教师教学用书《教育科学出版社》2003年

视觉暂留的奥秘

北京琉璃厂小学　王春龙

设计基本思路与意图：

由于人的眼睛只能将一个图像信息保存很短的时间，因此在非常短的时间内出现两个图像时，眼睛就会将这两个图像合并成一个。为了能让学生亲身体验到这一神奇的光学现象，我们利用身边的材料，使学生通过简单的制作和实验，感受和体验视觉暂留现象。当他们来回搓动铅笔时，就会将位于铅笔正反两面的鱼和鱼缸（鸟和鸟笼）在他们的眼前快速交替变换，于是学生就会看到金鱼好像在鱼缸里（鸟儿在鸟笼中）一样，从而使他们感受到视觉暂留现象。

科学原理：

人眼的视网膜保存图象的时间不到一秒钟，如果这时有另一个图像出现，那么视网膜就会将这两个图像合成为一个图像。如果你转动铅笔的速度足够快，那么你就可以看到金鱼好像就在鱼缸里。

制作材料：

硬质卡（若干张）、铅笔、彩笔、双面胶、订书器

制作实验过程：

1. 用彩笔分别将卡片上的鱼（或鸟）和鱼缸（或鸟笼）涂上颜色。

2. 用双面胶将其中一张卡纸贴在铅笔上，铅笔必须贴在卡纸背面的中间部位。

3. 把另一张卡纸贴在铅笔的另一侧，对齐这两张卡的四条边，然后用订书机在卡纸的四个角上将这两张卡钉住。

4. 双手夹住铅笔，然后来回搓动铅笔使这两张图片在你眼前快速交替变换，你会看到金鱼好像就在鱼缸里。

参考资料：

[美]苏珊.佩卡著，卢向明等译，《科学探究活动案例集》，浙江教育出版社，2004。

仓鼠观察实验箱

北京小学　金　娜

设计思路与意图：

这个教具设置了观察小动物生活习性与测试小动物体征的环境和条件，为学生开展研究性学习提供物质资源。学生可据此对动物的生命活动与生命体征方面做出不同的研究选题。介于此，本教具突出了实验操作的灵活性，实验选择的多样性与学生参与的主动性，是集多种功能为一体的学习工具。

制作过程：

制作材料：

亚克力板（数量）、小磁铁、电子秤、饮水器、跑轮等。

制作步骤：

1. 用亚克力板制作一个接近于正方体的箱子（尺寸大小？），在箱子周围打有通风口，箱子上方有一个能够取下的盖子，盖子上有通风口。

2. 箱内一侧底部加装一层亚克力板，在这层板子与箱子底部中间装进电子秤量称，并且在所加板子中间打一个与称量称称面大小相似的长方形孔。

3. 温湿度计（在材料中没有这一项）：贴在箱子内壁，用来观察仓鼠生活环境的温度与湿度情况。

4. 可移动的饮水器：饮水器的外侧贴上小磁铁，用另外一些磁铁放在箱子外侧，将饮水器吸在箱壁上，移动方便，可以根据实验需要固定在任何地方。

5. 在相同大小的几个小食碗中放入不同的食物。

6. 将摄像头（在材料中没有这一项）吸附在箱子顶部。

   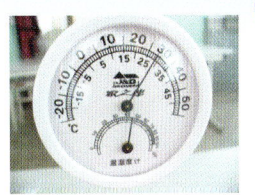

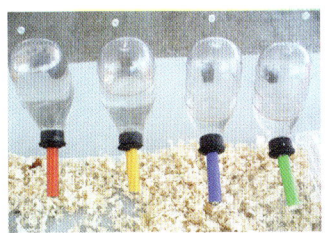  

相关知识介绍：（以下是相关知识吗？）

该教具目前主要应用在我区小学综合实践活动教学中，同时也在学校社团活动中被使用。由于其实验对象"仓鼠"深受学生喜爱，并且有很多同学已经饲养了仓鼠，所以在学生中有着很好的研究基础，利用展开各项研究活动。

由于该教具在研究活动的设计上有很好的开放性和灵活性，所以有很多同学带着自己的问题利用实验箱开展起研究活动。已经进行过的观察和研究中的内容有：

母鼠对幼鼠的哺育活动、仓鼠是如何寻找水源的、仓鼠对食物的选择、运动对仓鼠生长的影响等。

亮点：

1. 这个实验箱向学生提供了自主学习和运用科学方法进行研究的条件。

2. 与电脑连接的摄像头随时自动采集数据和获取录像资料，所以，它解决了学生定期、定时观察的困难。

3. 解决对动物进行研究难以取得相应数据的困难，本教具能够实时检测动物的运动量以及表现其体能的数据，实现各种实验项目，以定量的研究来支持定性的结论。

4. 这个实验箱材料、设备获取简单，轻便易搬运，透明易观察，造价低廉，并具有可扩展性。

使用情况及效果：

该项目已经应用于西城南区青少年科技博览会（？）等大型活动以及教学中，很多学生对该项目产生了浓厚的兴趣。

该项目在2009年分别取得国家级和市级（什么活动？）一等奖的好成绩。

学生实验记录单（部分）：

我们的猜测：	运动会影响仓鼠的生长		
	鼠（灰色）		鼠（白色）
	体重（g）	运动跑论圈数	体重(g)
第一周	1.6g	21896圈	1.8g
第二周	1.9g	21568圈	2g
第三周	2.3g	29726圈	2.2g
第四周	2.8g	27890圈	2.5g
我们的结论：	用小跑轮进行运动的小仓鼠生长的速度比不运动的小仓鼠生长的速度快。		

体验红蓝立体眼镜

北京市宣武红莲小学　周继红

设计基本思路与意图：

随着科学技术的发展，立体电影不仅在电影院有了极大的发展，而且在电视、广告、媒体、网络等方面也有长足的发展，越来越深入人们的生活。为使青少年、中小学生进一步了解三维立体影像技术，我们选择设计了适合青少年中小学生理解且适合动手制作的红绿立体眼镜（互补色法）作为切入点，来开展科普活动。

在活动中，通过制作眼镜框（纸制）、在玻璃纸上涂红、绿色，自己亲手制作一个红绿立体眼镜，当场观看立体图像、立体影视片，切身体验感受立体效果及奥秘，激发中小学生的兴趣。同时了解人眼立体成像的奥秘、红绿眼镜的科学原理以及相关的立体影像的知识。

科学原理：

3D 是英文"3 Dimensions"的缩写，是指长、宽、高三个维度。"三维"也就是人们常说的立体的。

人眼立体感是怎样形成的？人类双眼在观察同一事物时，由于两只眼睛从不同的位置注视该事物，左眼与右眼的视角不同，在视网膜上形成的像并不完全相同，这两个像经过大脑综合以后就能区分物体的前后、远近，从而产生立体视觉。

立体电影就是模拟人眼立体效果来拍摄的。它是以两台摄影机仿照人两只眼睛的不同视角同时拍摄，在放映时以两台投影机同步放映至同一银幕上,供左右眼同时观看，从而产生立体效果。

要想看到立体电影或图片，只需将两幅图像分别传递给观众的两只眼睛即可。目前常见的获得立体感觉的方法主要有四类：互补色分光技术、光栅分光技术、偏光分光技术、视频分时技术。

红绿立体眼镜是立体眼镜中的一种，它获得立体感觉的方法是互补色分光技术。在利用互补色原理制作立体效果时，把左右两个视角拍摄的两个影像，分别用红色和绿色滤光片重叠印到同一画面上，制成一幅图片。观看时观众需戴上一片为红色、另一片为绿色的眼镜。使通过红镜片的眼睛只能看到红色影像，通过绿色镜片的眼睛只能看到绿色影像。这两个像经过大脑综合以后就能产生立体效果。

什么是互补色呢？不同颜色之间有相近色和互补色之分。互补色是指两种色光（单色光或复色光）以适当的比例混合而产生白色感觉时，则这两种颜色就称为互补色。例如，三原色（红、绿、蓝）中任一原色对其余两种的混合色光都互为补色。

制作过程：

制作材料：

玻璃纸；红色、蓝色油性笔；厚纸板做成的眼镜框；剪刀；双面胶；立体视频；计算机；

制作步骤：

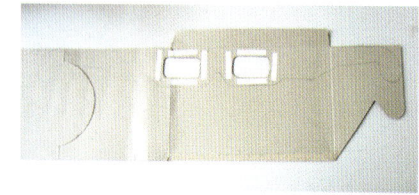

1. 将画好轮廓、剪好眼镜框、贴好双面胶（教师提前准备好）。

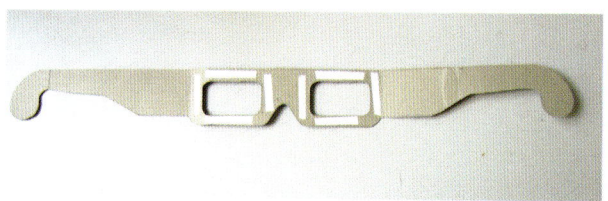

2. 剪出眼镜形状。

3. 将两张白色玻璃纸分别涂成红、蓝两种颜色。

4. 将涂好色的玻璃纸，按照眼镜框的大小剪出轮廓。

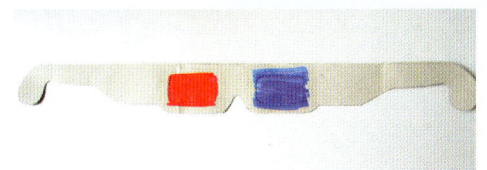

5. 用双面胶粘在镜框上。

6. 戴上眼镜观看立体图片或视频。

项目设计亮点：

1. 及时、快速地抓住社会的热点新闻事件，将这一科技知识设计为科技教育的活动，使学生们及时地了解、认知这一技术。

2. 在活动的设计中，能让学生亲自动手参与制作，使参与者不仅学到了科技知识，而且学习了科学方法。

项目已开展活动的情况及效果：

该项活动已于2009年在北京红莲小学科学课中试用，课上让学生亲手参与制作立体眼镜，用制作好的立体眼镜，看立体图片和立体影片，效果较好；学生们对这种立体眼镜表现出了浓厚的兴趣，都积极的上网查找相关资料学习，了解其基本原理。并可以将成品带走。

参考资料：

3D 百度百科 http://baike.baidu.com/view/4376.htm

http://baike.baidu.com/view/4563332.htm

http://www.e-zone.com.hk/tips.php?tipsid=9384

走进趣味的光世界

右安门大街第二小学　赵建军

设计基本思路与意图：

科学教育专家威林格说："儿童通过各种渠道获得的有关科学的经验，以及在他们的各种好奇有趣的经历中，所形成的日常概念，是他们形成科学概念的基础。"光是人类生存不可或缺的物质，通过对小学生的调查，我发现低年级学生对光的认识只是停留在认识一些简单的光源，例如，光来自于太阳或借助于产生光的设备，包括白炽灯泡、荧光灯管、激光器、萤火虫等。而高年级学生对光的传播、反射等科学知识才开始有了初步的了解，但是对光在不同介质中传播的现象还没有认识。以此为依据我设计了一些由浅入深的小实验，就是要从学生已有经验出发，为学生搭建探究科学知识的平台，帮助学生改善和获得新的科学概念。通过组织不同学段的学生参与各种有趣的实验活动，让学生能够直观感受光的折射、反射现象，帮助学生懂得光能透过透明的介质，光透过不同的介质时，会发生反射、折射等不同的现象，形成科学概念。初步了解漫反射的原理。

科学原理：

1. 光能透过透明的介质；

2. 光在同一种介质中沿直线传播；

3. 当两束平行光经过圆柱形透明玻璃器皿，光路会发生偏折，而且圆心在光源的哪一侧，光路就会偏折到哪一方向；

4. 全反射：光由光密（即光在此介质中的折射率大的）媒质射到光疏（即光在此介质中折射率小的）媒质的界面时，全部被反射回原媒质内的现象。

凹凸不平的表面会把光线向着四面八方反射，这种反射就是漫反射。

实验过程：

实验材料： 各种可触摸的物质、圆柱形玻璃缸、放大镜、水槽。

实验工具： 激光笔

实验步骤：

1. 当光遇到我们身边不同的物质时，你会看到什么现象呢？

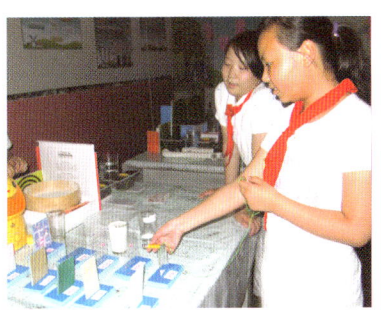 

2. 当光遇到了透明物质时，它的传播路径会是什么样子呢？

光在水蒸气中传播　　　　　　　　　　光在粉尘中传播

光在透明液体中传播　　　　　　　　　光在烟雾中传播

3. 当光源从不同角度射入同一个装满水的圆柱形透明容器中时，光路会有什么变化？

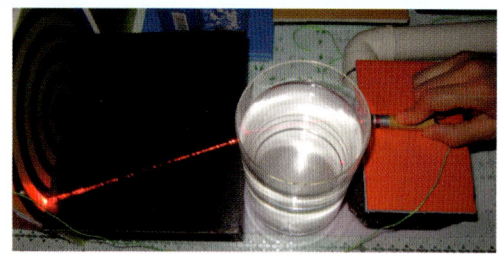
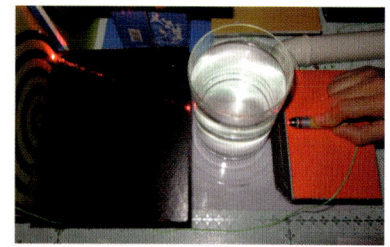
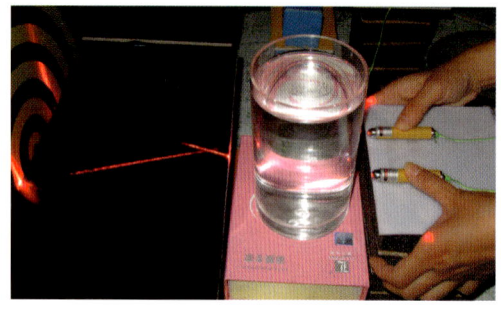
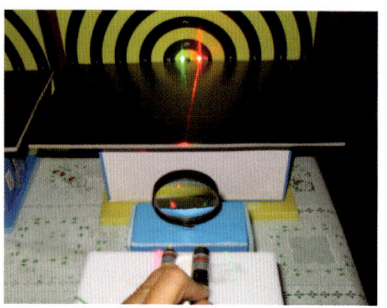

4. 水从容器的小孔中流出形成水柱，这时将光源垂直对准漏水孔，能看到什么现象呢？

5. 当阳光射到镜子上，我们迎着反射光的方向可以看到刺眼的光。如果阳光射到白纸上，无论在哪个方向，都不会感到刺眼。这是为什么呢？

用放大镜观察镜面和白纸表面的特点。你会有所发现？

你看过电影吧？结合上面的发现说说为什么我们坐在电影院的哪个座位上，都能清楚地看到屏幕上的影像呢？

仔细观察幕布就会发现，屏幕表面非常粗糙，凹凸不平。

6. 当光投射到了镜面上时，会产生怎样的现象呢？研究一下万花筒，你会有新发现。

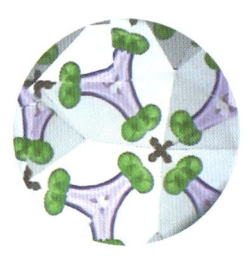

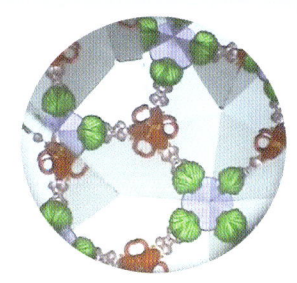

活动开展实施的效果：

本项科学实验活动，在校园科技活动周期间顺利开展，全校 200 多名学生分别参与了各项实验活动，宣传资料的阅读和视频资料的观看，了解了光的基本特性，发现了光遇到不同介质产生的各种现象，激发了学生的探究欲望，达到很好的效果。

参考资料：

初二物理教材（人教版）——色彩斑斓的光现象

网络资源：光的传播百度百科网——http://baike.baidu.com/view/817602.htm

漫反射 http://baike.baidu.com/view/43946.htm

全反射 http://baike.baidu.com/view/45238.htm

C. J. 威林格：《儿童概念与小学科学教育》，[英] 钱伯恩出版公司，1990 年版

难舍难分的小实验

北京宣师一附小　蔺滨滨　赵　湘

设计基本思路与意图：

在日常生活中同学们经常会看到很多有趣的现象。一天，两个学生找到我，"老师，您看！这两本书插到一起为什么就分不开了呢？"我抬头一看，果真如此，于是我和孩子们一起开始了研究，通过研究孩子们发现这和大气的压力有关。于是，我们将实验不断地深入，把三个有共同现象的实验串连起来，通过孩子们动手实践，来思考其中的科学道理。由于采用的都是身边常见的材料进行操作，简便易行，所以深受孩子们的喜爱，使学生们更加体会到科学现象来源于我们的生活。

科学原理：

这个实验活动是把具有一个共同特点——"分不开"的三个小实验结合在一起，从而揭示了不同的科学原理，使学生们感受到表面相同的物理现象，却是由不同的原因形成的。空牛奶盒和橡胶手套，直观地揭示出大气压力的存在；筷子与玉米紧密结合"分不开"，是静摩擦力大小与物体表面光滑程度有关。

两本书交叉结合在一起"分不开"，是由于大气压力使每两张纸都有摩擦力，很多张纸叠在一起，就增加了摩擦力，所以两本书就拉不开了。

实验过程：

实验器材：

实验1：空牛奶盒、橡胶手套、裁纸刀。

实验2：筷子、玻璃棒、玻璃杯、棒子面。

实验3：两本一样厚的书。

实验步骤：

实验1： 用裁纸刀裁去一个空牛奶盒的上三分之一部分，再把一个橡胶手套放入盒内，将手套的腕部翻转过来，紧紧地扣住牛奶盒的外沿。这样，一个试验模型就做好了。

接着，就请小朋友们试着把盒内的橡胶手套往外拉！（图1）

当然，橡胶手套是怎么也拉不出来的。因为由于手套腕部扣住了盒沿，手套与盒内壁之间形成一个封闭的空间，所以，当尝试拉出手套时，会扩大这一空间，但又无新的空气进入填充这扩大的空间，就使得外部的大气压力远远大于封闭空间内的气压。这样，大气压力就紧紧地把橡胶手套压在牛奶盒里，自然是怎么也拉不出来了。

实验2： 将棒子面倒满三个玻璃杯，用手将第一个玻璃杯里的棒子面按实，用手按住棒子面，把筷子从手指缝间插入至杯底；第二个玻璃杯里直接插入筷子；将第三个玻璃杯里的棒子面用手按实，把玻璃棒插进去。

然后，让小朋友分别用手轻轻提起筷子或玻璃棒，看看是否能将玻璃杯一起提起来。（图2）

学生实验后会发现，只能将第一个玻璃杯提起来。

实验3： 出示两本一样的书，将两本书一页一页地插在一起（边插边模拟往书上刷东西的动作），然后向同学们提出一个挑战性的问题：谁能将这两本书分开？请几位同学来试一试，并让同学们思考：这究竟是怎么回事？

揭晓谜底：这是因为大气压力使每两张纸都有摩擦力。虽然每两张纸的摩擦力并不大，但很多张纸叠在一起，就增加了摩擦力，所以两本书就拉不开了。

再让同学们想想办法：有什么办法能让两本书分开呢？出示提示：在这两本书中间吹进些空气，会怎样呢？请几位同学来试一试，让学生想一想：是什么原因让书又分开了呢？

揭晓谜底：从侧面向两本书内一边吹气一边拉，摩擦力就会越来越小，自然这两本"难舍难分"的书就分开了。

四、科技小制作、小实验

图1

图2

项目设计亮点：

利用简单的道具，展现科学现象，通过学生亲身实践，根据实验现象，来说明科学道理。

项目已开展活动的情况及效果：

本项目已经应用于青少年科技博览会、宣师一附小科技节等大型活动中，在36个教学班近1400名学生中进行了传播。本项目简单易操作，不仅受到学生们的喜爱，而且也使学生们在实验的过程中感受到了科学的神奇，增加了对科学的浓厚兴趣。

纯粹光影世界——DIY 纸制针孔相机

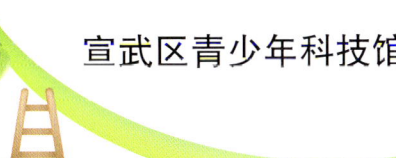

宣武区青少年科技馆　张雅楠

项目类别：

内容：物理　形式：制作类、实验类、互动类

项目介绍：

学生制作纸制针孔相机，是利用小孔成像原理，不需要镜头、反光镜或其他任何光学部件，而是让光线穿过一个小孔，在暗箱胶片上形成外部景物的倒像。

设计基本思路与意图

小孔成像原理是基础物理学中非常重要的原理之一，摄影的起源，照相机的发明都源于此。在制作纸制针孔相机的过程中，学生可以更加深入地理解小孔成像原理，通过论证焦距、孔大小之间的关系确定相机的规格，不同规格的相机照出相片的效果也有所区别。同时，制作完成的针孔相机拍照时，由于可以手动控制曝光时间，因此可反复试验光线、亮度与曝光时间的关系，记录数据，观察结果，从而加深对光学成像的理解与认识。学生在动手制作过程中，了解相关知识，培养善于观察、积极思考、持之以恒的科学态度。DIY 纸制针孔相机将学生们带进有趣的、奇妙的光影世界。

活动过程：

一、了解小孔成像原理

二、制作过程（制作焦距 65mm 针孔照相机）

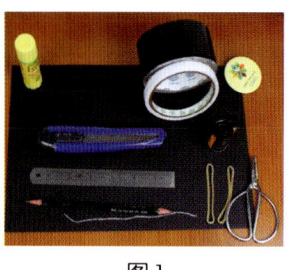

图1　　　　　　　　　　图2　　　　　　　　　　图3

1.材料准备：A4黑卡纸（250g以上）、剪刀、裁纸刀、黑色胶带、胶棒、双面胶、缝衣针、橡皮筋、废胶卷一个、尺子、铅笔（图1）

2.设计相机：用铅笔和尺子在黑卡纸上画出相机制作图纸（图2）

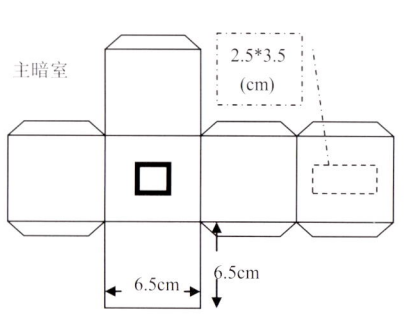

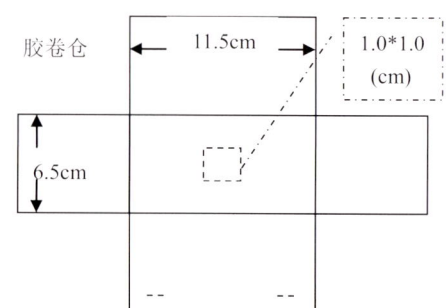

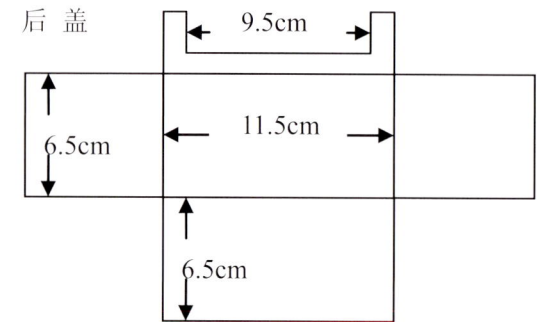

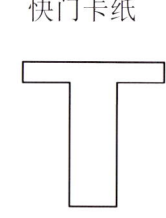

3.组装相机：

（1）按照图纸剪裁相机组件（图3）。

组件：主暗室、胶卷仓、后盖、快门卡纸

图4　　　　　　　　　　图5　　　　　　　　　　图6

（2）将各组件按实线折叠并将边缘粘贴牢固，虚线部分用裁纸刀挖空（图4）。

（3）用烧红的缝衣针在主暗室正面方框中央扎出小孔，小孔要小而圆（图5）。

（4）制作胶卷暗室，取一个废胶卷，拿出滚轴（图6）。

图7

图8

图9

（5）用胶带将新胶卷的一端固定在卷轴上，固定好后放回胶卷壳中（图7）。

（6）拼装相机，为达到最好的遮光效果，用黑胶带将相机裹严（图8）。

（7）用快门卡纸遮住小孔，针孔相机制作完成（图9）。

三、实验观察

学生用自制针孔相机进行拍摄，记录每一张的拍摄数据以供试验参考。

拍摄时间		胶卷型号	拍摄物	
次数	天气	光线		曝光时间
第一次				
第二次				
第三次				
……				

相关知识介绍：

"小孔成像"原理又称"针孔成像"，它是借助暗室或暗箱来截获空间影像的最早的光学实践。如果从明亮景物上反射来的光线，通过一个小孔进入一个暗室，便可在对面的墙壁上，形成一个暗淡的景物倒像。

本项目的亮点：

1. 本项目综合了物理学、数学、美术多学科的知识。

2. 纸制相机材料简单、成本低，易于推广。

3. 寓教于乐，激发学习热情，让学生在动手动脑中体验科技的快乐。

参考资料：

DIY 针孔相机 http://www.xitek.com/html/info/news/200812/17-8770.html

神奇而有趣的颜色变化

北京第140中学　杜文燕

设计思路和意图：

我们选取了现象明显且安全绿色的化学实验，除了化学试剂外，同学们自制了许多用具：如纸鲜花、肥皂印章、晴雨娃娃等。使同学们看到一系列奇妙而有趣的实验现象，增添了实验者对化学世界探索的欲望。开展这样的活动，对提高学生们的动脑动手能力有非常大的促进作用，也在实验的准备过程中提高了学生们的综合素质，培养了学生的集体责任感和与他人合作交流等综合素质，并且在活动中还蕴涵了爱校爱家的主人翁责任感。

实验过程：

一、神奇的液体

1. 画像含羞

实验用具　酚酞溶液、稀氨水；画像一张、橡胶指套一个、小烧杯一只。

实验步骤

（1）取事先准备好的画像一张，在画像面颊处涂上酚酞溶液，晾干。

（2）手指沾稀氨水涂抹画像脸部，画像脸部变成红色。

2. 神花仙泉

实验用具　碳酸钠稀溶液、稀醋酸、酚酞；吸水的纸（可用厨房餐巾纸）、小喷壶。

实验步骤

（1）用喷壶把酚酞溶液均匀地在白色纸上喷洒两遍，在通风处晾干。

（2）用已涂过酚酞的纸做几朵纸花插入花瓶内。

（3）将无色纯碱稀溶液灌入小喷壶(或喷雾器)。

（4）小心地把溶液喷洒在搪瓷盘内的神花上，可见白花立即变为红花。

二、奇妙的固体

3. 鸡尾酒

实验用具　四氯化碳、苯、水、玻璃棒、无水硫酸铜、碘、药匙、试管。

实验步骤

（1）按先四氯化碳，其次是水（为防止硫酸铜水解，可事先在水中加1~2滴稀硫酸，最后是乙醚的顺序将三种无色透明液体注入试管（或细高容器）。用量以使三种液体等高为准。

（2）取1药匙无水硫酸铜在研钵中研细，再取1药匙固体碘和研过的无水硫酸铜在研钵中充分混合，再稍加研磨。

（3）用药匙取少许混合物逐步轻轻洒入量杯液体中。混合物一一透过上两层液体，形成一个三色杯，像美丽的鸡尾酒。

4. 变色魔瓶

实验用具　氢氧化钠、葡萄糖、次甲基蓝、蒸馏水；

250～500毫升可乐瓶一只、天平、砝码、量筒、药匙、胶头滴管。

实验步骤

（1）在天平上分别称取氢氧化钠、葡萄糖、次甲基蓝克（质量比4：4：0.2），分开放置。

（2）向可乐瓶中注入蒸馏水200毫升，将4克氢氧化钠加入溶解、再放入4克葡萄糖令其溶解。

（3）将0.2克次甲基蓝放入100毫升蒸馏水中溶解，配成约0.2%次甲基蓝试液。

（4）摇匀上述溶液，变色魔瓶便制成了。摇动烧瓶，即可见到瓶中溶液由无色变为蓝色。若将瓶静置，颜色又渐复原，可如此反复多次。

三、有趣的生活

5. 晴雨娃娃

实验用具　二氯化钴浓溶液；塑料洋娃娃一个、娃娃用的白色的确凉连衣裙一身、新毛笔、烧杯、喷雾器、电吹风机。

实验步骤

（1）在学生衣服上沾上二氯化钴浓溶液、风干，此时衣服为蓝色（晴天）。

（2）可先用小喷壶喷以水雾，可见裙子变粉色（雨天）。

（3）然后再用理发用的电吹风把裙子吹干，裙子又会慢慢变蓝，我们就可以看到学生的衣服颜色可随着干、湿的情况而变化。

6. 自制印章

实验用具 姜黄（一味中药）、白酒或工业酒精；肥皂、水吸水的白纸（毛边纸等）一张

实验步骤

（1）把姜黄剪碎后塞进小瓶中用白酒或工业酒精浸泡，一天后酒液会变为深黄色，这时再用新毛笔涂抹到白纸上晾干。实验前准备好刻有不同图案的肥皂（自刻）。

（2）实验时，用少量水把肥皂喷湿，肥皂表面即得到碱性液体。然后把事先蘸有姜黄的纸按在湿肥皂上，并用毛笔轻刷，接触部分变为红色，事先刻好图案的部分不变色。

成果展示

画像害羞

接触氨水前

接触氨水后

四、科技小制作、小实验

神花仙泉

喷液体前

喷液体后

鸡尾酒

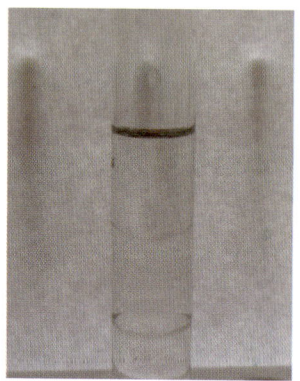
加入固体前

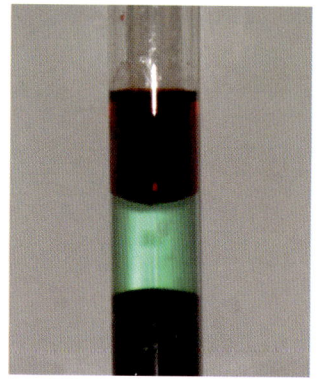
加入固体后

变色魔瓶

摇瓶前溶液

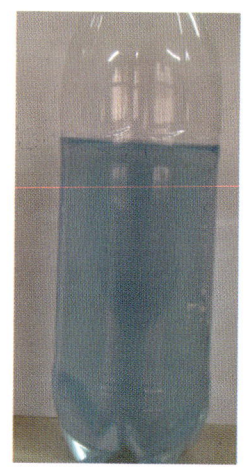
摇瓶后溶液

晴雨娃娃

喷水前（晴天）

喷水后（雨天）

自制印

印章

印好的滤纸

本项目的亮点

通过这些实验，激发了同学们学习化学的兴趣，加强了化学与生活有密切联系的教育，另外，通过实验中自刻印章、自制画像等活动，锻炼和培养了学生综合素质，符合新课改对学生三维能力的培养要求。

使用情况及效果

学生们对化学产生了浓厚的兴趣，在实验过程中看到原来生活中的食醋、中药（姜黄）、碱面（碳酸钠）、肥皂等也可以作为化学药品，化学中竟有这么多神奇的五颜六色的变化，"化学世界真是太神奇了！"

参考资料

《中学化学实验趣编》 主编：韩国栋 荣芙圆　冶金工业出版社 1990 年 8 月第 1 版

四 科技小制作、小实验

声音与纸杯的亲密接触

北京市宣武青少年科技馆　翟　琨

设计的意图与思路：

声音对我们来说其实并不陌生，在我们的生活中，时刻都能接触到声音，本项目通过日常生活中常见的纸杯作为载体，对手拉棉线的作用力产生振动发出声音、空气振动产生的声音以及电磁信号产生的声音进行系统的对比实验，让青少年学生了解声音是如何产生和传递的。

科学原理：

声音是通过空气的运动，使鼓膜振动带动中耳的听小骨，再通过内耳的听神经细胞转化为微小的脑电波传递给大脑，就形成了我们觉察到的声音。声音是在有传播介质的前提下通过震动产生的，像空气、水等都是传播介质。其中，纸杯音箱就是利用了收音机、电脑等产生的声音电信号，把被漆包线缠绕的大铁钉变成了电磁铁，并与固定在纸杯底部的磁铁的磁场相互作用，使纸杯底部产生振动。

一、会叫的纸杯

1.制作工具与材料：

1个纸杯，1条棉线，1块松香，1根牙签。

制作过程：

首先在纸杯底部扎一个小孔，把棉线从纸杯底部的小孔中穿入纸杯里面，再把穿入纸杯里面的一端棉线系在牙签上，最后把整块松香敲打成粉末，放在一旁，用手指沾些粉末状的松香，用沾了松香的手指去拉纸杯底部的棉线,这个会叫的纸杯就做成了。

二、纸杯电话

1. 制作工具与材料：

2个纸杯、1条棉线、2根牙签。

2. 制作过程：

首先分别在两个纸杯底部扎一个小孔，把棉线的两端分别从两个纸杯底部的小孔中穿入纸杯里面，然后再分别把穿入纸杯里面的棉线系在两根牙签上，一个人用嘴对着一端的纸杯说话，另一个人就会从另一端的纸杯中听见那人的声音，这样我们这个纸杯话筒就做完了。

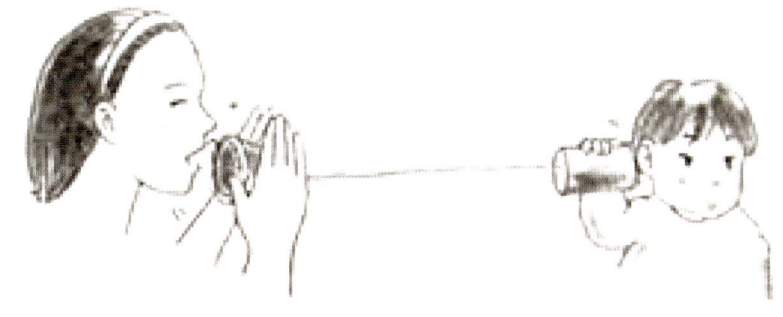

三、纸杯音箱

1. 制作工具与材料：

　　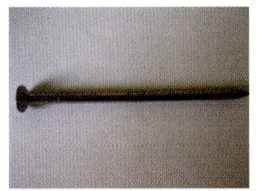　

1个纸杯　　　1个圆形磁铁　　　1个大铁钉　　　1米长的漆包线

　　　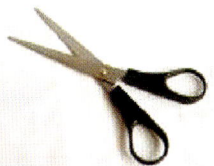

1个带音频插头导线　2厘米长的热缩管　　1块砂纸　　　剪刀

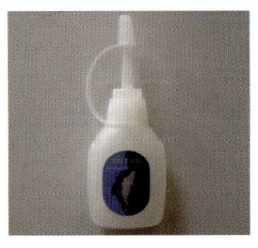
胶水

打火机

2. 制作过程：

（1）在纸杯的底部中心位置用胶水把圆形磁铁固顶。

（2）用漆包线按顺时针方向缠绕大铁钉，并在导线末端打个结。

（3）用砂纸打磨掉漆包线末端的氧化膜。

（4）用剪刀剪出两段一厘米长的热缩管。

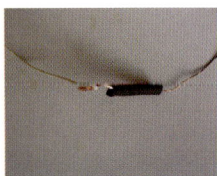
（5）把漆包线末端与音频插头导线末端相连。

（6）把热缩管套入相连处，并用打火机加热固定。

（7）把制作好的铁钉安装在纸杯底部。

（8）最后把这个纸杯音箱插到收音机或电脑上。

项目的亮点：

该制作活动在会鸣叫的纸杯、纸杯电话这样传统的小制作基础上，将简单的电磁知识技术结合纸杯创作一个纸杯音箱，是一个十分有意义的制作。把三个小制作实验串起来，丰富了纸杯的内涵，增加了活动的趣味性、知识性。

项目已开展活动的情况及效果：

在 2007 年 10 月 27 日宣武区中小学生科博会上展示了该项活动；该项目活动的内容曾发表在 2008 年第 3 期《中小学生科技创新》杂志上；并于同年在赴日本参加日本青年科技节上展示了该项目；在原宣武区多所学校的科技活动中都开展了此项目。

- 许多前来参加活动的学生在制作实验前都有着这样的疑问："纸杯还能发声？"这些同学在制作完成后，听着这不可思议的声音真的从纸杯中传出来了，感慨地说："科学真是太奇妙了，原来科学就在我们身边。"

- 在日本科技节制作本实验项目时，有许多日本和韩国的家长带着自己的孩子前来参观制作，他们对这个项目表示出了极大的兴趣，许多孩子还和辅导教师拍照留念。

 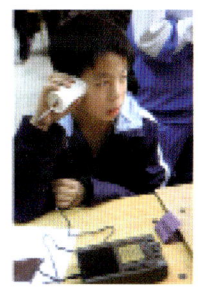

2007年10月27日宣武区中小学生科博会上学生正在进行声音与纸杯的亲密接触的实验。

在2008年日本科技节上，为日本小朋友讲解如何制作纸杯音箱小制作。

参考资料：

《物理》学科教材 9年级用 全一册 主编：阎金铎

科技灯谜——动手做、动脑猜

北京市第十五中学　于　放

设计基本思路与意图：

科技灯谜是将科技文化知识与传统灯谜文化相结合的一项科技活动，该活动既融入了科学知识，又增添了学生参与活动的兴趣。科技灯谜上自天文，下至地理，经史辞赋，现代知识，包罗无遗，非有一定文化素养，不易猜射；而其奥妙诙奇，足以抒怀遣兴，锻炼思维，启发性灵，是一种益智的娱乐活动。

活动中学生可以选用已有的谜语，也可以自主设计谜语，但要求符合谜语规制，灯谜要求蕴涵一定科技信息。可以是一盏花灯、一幅字画、一件物品，例如，"雨后春笋"猜一地名——新竹。最简单的可以将谜面打印在纸上，也可以画一幅竹林沐雨图，还可以做一个小的模型将"雨后春笋"立体地表现出来。

科学原理：

1. 相关灯谜知识

灯谜的三大基本特征：一、独特的结构：灯谜一般由三部分组成，即谜面、谜目和谜底，也称灯谜三要素。二、面与底别解：灯谜利用汉语字词多意的特点，不把谜面作原意解释，从而得出别样的意思，所谓"谜贵别解"，别解方显谜味。三、面与底异字：在灯谜中凡是谜面上有的字，在谜底中不能再出现，否则称为"露春"，灯谜一般是不允许露春的。

所谓六书：象形、指事、假借、形声、会意、转注。"六书"是根据文字变化规律总结出来的，并非先有"六书"然后依此造字，造字是自发性的。直至普遍应用之后，才归纳出这些规律。甲骨文字基本已是六书俱备了，灯谜是利用汉字的音、形、义的变化来表达的文义谜，同样是六书俱备的，"制谜者恒准此为胚胎，至变化多方，莫可穷诘"。可以说，文字学和谜学是一对双胞胎，在文字产生的同时，就产生了谜。

2.猜灯谜的方法

猜灯谜的方法大致可分为四大类型：字义分析法、字形分析法、形义综合法及特殊分析法。

字义分析法有解析法、归纳法、喻义法、反扣法等。

字形分析法有组合法、分解法、增字法、减字法等。

特殊分析法有特殊象声法、谜底抵消法、谜面加注法、题外暗扣法等。

制作过程：

1.进行相关灯谜知识讲座

灯谜是我国劳动人民智慧的结晶，是我们民族传统的一门综合性艺术。灯谜的猜解有其独特的方式方法。不得要领的猜解是无法体味到活动的乐趣的，也是无法体会到凝思苦想成功破解后的快乐的。因此，在进行科技灯谜活动前，一定要对参加活动的学生进行一些相关的培训。随着知识网络化、多元化，也可以让学生在活动前自主学习灯谜相关知识，这样会让活动更加吸引学生参与。

2.自编灯谜活动

学生在初步掌握灯谜基础知识后，对灯谜的编制有了初步的了解。结合自己所学的相关科技知识，自主编制一些灯谜。可能这些灯谜不够规整，甚至有些幼稚，但这些科技灯谜都是学生自己心血的结晶。他们往往会让其他同学都来猜自己编制的灯谜，有时候还会几个同学互相PK，更是增加了活动热烈的气氛。

自助编排灯谜需要在猜灯谜活动之前进行，学生编制灯谜需要一个过程。学生开动脑筋编制灯谜，可以提高学生多方面的能力。在完善灯谜的过程中，可以体验到科学需要一丝不苟，哪怕一点点错误都会导致最终的失败。

3. 猜灯谜活动

开辟一块场地,将学生自助设计制作的灯谜布置好。利用一节课或一个小时的时间,开展猜灯谜活动。学生全身心投入到猜灯谜活动,如果再适当设置一些奖品,会场的热情将被点燃。

本项目的亮点（创新点、价值）

科技在于不断创新,再好的科技活动也需要不断创新发展。本次活动最大的创新点就是学生以往只是参与猜谜过程,而本次活动学生还同时参与到灯谜制作过程。灯谜由学生自己设计、制作,同学们不仅比谁脑子灵、聪明,还要比谁的动手能力强、有科技创新能力。

使用情况及效果：

学生参与科技活动需要获得相应的科技知识,在科技灯谜中我们可以采用专题灯谜的形式,比如可以物理专题灯谜、化学专题灯谜。以灯谜的形式进行科普教育,寓教于乐,学生还能够获得成功的体验,是一项实用性强、操作简单、效果显著的科技活动。

参考资料：

灯谜资料库：www.epig.idv.tw/g1/

中华灯谜网：www.dengmi.com

全国灯谜信息：www.dengmixinxi.com